ANDREW TATE:

UNSCHULDIG!

Warum TOP G zu Unrecht im Gefängnis landete

Das Insider Buch mit allen geheimen Fakten zum Justizskandal Nr.1!

Andreas Walter

IMPRESSUM

ANDREW TATE: UNSCHULDIG!
Warum TOP G zu Unrecht im Gefängnis landete - Das Insider Buch mit allen geheimen Fakten zum Justizskandal Nr.1!

Bibliografische Information der Deutschen Nationalbibliothek: Die Deutsche Nationalbibliothek verzeichnet diese Publikation in der Deutschen Nationalbibliographie; detaillierte bibliografische Daten sind im Internet über dnb.dnb.de abrufbar.

Originalauflage

Verlag: Resonanz Buchverlag (RBV) - Iserbrooker Weg 13 - 22589 Hamburg
Herstellung: BoD – Books on Demand, Norderstedt

ISBN 978-3-949859-13-7

Design und Layout: *atelier conception*, Hamburg
mit Canva Pro Media Stock, Canva Pty Ltd.

Gender-Hinweis
Aus Gründen der besseren Lesbarkeit wird auf die gleichzeitige Verwendung der Sprachformen männlich, weiblich und divers (m/w/d) verzichtet. Sämtliche Personenbezeichnungen gelten gleichermaßen für alle Geschlechter.

WIDMUNG

Für alle starken, mutigen und loyalen
Männer und Väter auf dieser Welt!

INHALTSVERZEICHNIS

SCHLUSS

EINLEITUNG

Andrew Tate: Ein Ausnahme-phänomen ohne Beispiel

Der Name Andrew Tate ist weltweit in aller Munde. Er gehört zu den meist gegoogelten Personen auf diesem Planeten. Zeitweise belegt er hierbei immer wieder auch Platz 1. Es gibt überhaupt kaum jemanden, der in den zurückliegenden Monaten für so viel Aufsehen und Bekanntheit gesorgt hat wie er. Große Sportereignisse, Politiker, Stars und Sternchen aus dem Show Business treten hinter ihm in der Bekanntheit und Beliebtheit regelmäßig in die hinteren Reihen zurück. Du kannst förmlich hingehen, wo du willst, und fragen wen du möchtest, aber auf die Frage: „Kennen Sie Andrew Tate?“ wirst du immer und überall eine Antwort bekommen. Dabei wird er von den einen gehasst und von den anderen verehrt wie ein Heiliger, zumindest aber wie ein großes Vorbild, eine Lichtgestalt, ein Bruder.

Was seine Kritiker angeht, so fällt Folgendes immer wieder auf: Sie sind sehr schnell darin, Vorverurteilungen auszusprechen, sie können jedoch auf Nachfrage so gut wie in keinem Fall benennen, worauf ihr Urteil basiert. Sie können weder Originalzitate benennen, noch können sie anderweitig glaubhaft machen, was sie gegen Andrew Tate konkret vorzubringen haben. Es kann also sehr schnell der Eindruck entstehen, dass alle Tate-Hasser nur ein sehr oberflächliches Meinungsbild gewonnen haben, welches durch Fakten so gut wie nicht belegt werden kann.

Unter den Anhängern Tates wird dieses Klientel deshalb auch scherzhaft als NPCs oder BOTs bezeichnet. NPC meint hier Non Player Character. Ein Begriff, der aus der Gaming Welt stammt und programmierte Charaktere bezeichnet. Ein BOT wiederum ist ein automatisches Computerprogramm, das sich ständig wiederholende Tätigkeiten ausführt. Besser kann man es wohl nicht auf den Punkt bringen.

Wer sich mit Tate und seinen Originalquellen jedoch näher befasst, der muss unweigerlich sehr schnell feststellen, dass dieser Mann über unglaubliche Kompetenzen verfügt. Dazu genügt es, auf YouTube und Co. eines der meist mehrstündigen Interviews mit ihm in voller Länge zu verfolgen. Schnell kommt man dabei ins Staunen und ist überrascht, wie flexibel und kreativ er Gedanken vorbringen kann, und dabei nahezu jeden in der Runde zu überzeugen weiß. Er tut dies in einer unglaublichen

Geschwindigkeit, für die es kaum vergleichbare Beispiele gibt. Er zieht seine Zuhörer durch die Art und Weise wie er redet, also durch seine Körpersprache, aber auch durch seine bloße physische Präsenz und seine Energie so sehr in den Bann, dass man sich fragen muss, wo er das alles gelernt haben könnte.

Ein kurzer Blick in seinen Lebenslauf verrät aber zudem, dass das noch lange nicht alles ist, was er auf dem Kasten hat: Tate ist ein hervorragender Schachspieler. Er gewann vielfach Meisterschaften und Turniere. Schach ist nicht irgendein Spiel. Es ist kein Geheimnis, dass du hierbei langfristig nur gewinnen kannst, wenn du über eine außergewöhnliche Intelligenz verfügst. So weit so gut möchte man meinen.

Aber Tate verfügt auch über hervorragende körperliche Eigenschaften. Auf eigenen Wunsch hin erlernte er Kickboxen und trainierte jeden Tag viele Stunden eifrig, um ein international erfolgreicher Kämpfer zu werden. Auch dies gelang ihm so, als wäre es ein Kinderspiel. Rückblickend nennt er nun vier Weltmeistertitel im Kickboxen sein Eigen und er gewann sage und schreibe 76 von 85 seiner Kämpfe. Wer dies schafft, muss zwangsläufig über hervorragende physische Eigenschaften, ein unzerbrechliches Mindset und eine starke Leidensfähigkeit verfügen.

Zusammengefasst: Tate dürfte den meisten Menschen auf diesem Planeten geistig und körperlich um

Längen überlegen sein, wenn man seine diesbezüglichen Erfolge als Referenzpunkte heranzieht. Haben seine Kritiker jemals solche Überlegungen angestellt? Wohl eher nicht.

Damit aber noch lange nicht genug. Andrew fand nämlich schnell heraus, dass er trotz seiner überragenden Sportlerkarriere auf diesem Wege nicht zu besonderen Reichtum kommen würde. Mit den Siegen seiner Kickbox Kämpfe kassierte er zwar ordentliche Preisgelder ein, aber um Millionär werden zu können, würde dies kaum reichen. So besann er sich abermals auf seine intellektuellen Fähigkeiten, und überlegte sich, wie er auf dem kürzesten Weg zu Reichtum und Wohlstand kommen kann: Kurzentschlossen wurde er zum Businessmen und stieg vollumfänglich in die Geschäftswelt ein.

Nur einige Jahre später hatte er sein Ziel bereits erreicht, was ihm vor allen Dingen durch sein hervorragendes Verhältnis zu seinem Bruder gelang, denn die beiden arbeiten ihr Leben lang bis heute als Team zusammen. Die Businessaktivitäten der beiden explodierten in nur wenigen Jahren dermaßen, dass man davon ausgehen muss, dass Tate bereits im Jahre 2022 über etwa hundert Millionen Dollar Vermögen verfügen konnte. Dieses ist breit angelegt und verteilt in verschiedene Businessbereiche, so wie in weltweite Immobilien, teure Autos und Uhren.

Wofür andere Menschen ein ganzes Leben lang schuften, scheint er förmlich in Lichtgeschwindigkeit zu erreichen. Egal was er anpackte, alles wurde bisher zu Gold.

Und als ob das immer noch nicht genug wäre, entschloss er sich nun, die Macht des Internet noch stärker dafür zu nutzen, um auf sich und seine Mission aufmerksam zu machen. Man muss sich einfach mal Folgendes vorstellen: Noch Ende 2021 war er in der Social Media Welt eher unbekannt. Nur innerhalb eines einzigen Jahres ist es ihm gelungen, einen Bekanntheitsgrad zu erreichen, den einst Michael Jackson, die Rolling Stones oder die Beatles besaßen. Wie geht so etwas? Das scheint eines der vielen Geheimnisse zu sein, die sich um diese schillernde Person ranken.

Mit der Verbreitung seiner persönlichen Gedanken und Meinungen zur Art und Weise wie wir leben, und zur Gesellschaft als Ganzes, hat sein Schaffen einen neuen Höhepunkt erreicht. Denn anders als fast alle Social Media Stars verbreitet er eben nicht die Meinung, welche von der herrschenden Elite vertreten wird, sondern er präsentiert auf sehr stringente Weise einen kompletten Gegenentwurf zu dem, was wir ansonsten über die Medien, die Politik, in den Schulen und an den Universitäten so wie im Freundeskreis zu hören bekommen. Im Mittelpunkt stehen dabei Themen wie: Freiheit durch Reichtum, freie Meinungsäußerung, Befreiung aus der Abhängigkeit, die Rollen von Mann und Frau in der Gesellschaft, die Umtriebe mächtiger Eliten und der ständige Betrug derselben an der Bevölkerung aller westlichen Länder. Kurz zusammengefasst steht dafür sein Motto: **„Escape the Matrix!"**

Förmlich über Nacht hat er mit diesem Bestreben ein Millionen Publikum im Sturm erobert, das ebenfalls so denkt und fühlt wie er, aber es bisher nicht so gut in Worte fassen konnte, wie er es kann. Andrew Tate stand kurz davor zum Wortführer einer gewaltigen weltweiten Gegenbewegung zu werden, zu dem gegenwärtigen Einheitsbrei aus Genderquatsch, Global Reset, Weltregierung, und Arbeitssklaventum.

Bei der Verbreitung seiner Thesen in den einschlägigen YouTube Formaten wurden ihm weitere bisher Unbekannte enorme Talente zum Vorteil: Tate verfügt über ein sehr seltenes kommunikatives Talent in Verbindung mit einer überzeugenden Körpersprache. Er ist damit in der Lage selbst in Gesprächsrunden mit schwierigen Gesprächspartnern diese nach und nach zu entwaffnen, und auf seine Seite zu ziehen. Das tut er regelmäßig auf solch überzeugende Weise, dass auch langjährige und fernseherfahren Journalisten nicht mehr die Augen vor diesem außergewöhnlichen Mensch verschließen konnten.

Egal wo er bisher auftrat, er erntete fast nur Sympathien. Und das bei Männern *und* bei Frauen. Selbst wenn seine Gegner weiterhin versuchten, seine Aussagen so zu schneiden und zu verfälschen, dass ein ganz anderer Zusammenhang entsteht, so gelang ihnen das in letzter Zeit immer seltener. Denn gegen das sorgsam gesprochene Wort aus intelligentem Munde ist kein Kraut gewachsen.

Diesen letzten Entwicklungsschritt hätte er nicht tun müssen. Er hätte sich mit seinen Millionen begnügen können und in Saus und Braus leben können. Dass er trotzdem das Risiko nicht gescheut hat und auf diese Weise in die Öffentlichkeit gegangen ist, spricht abermals für seine absolut außergewöhnliche Persönlichkeit.

Es ist vollkommen offensichtlich, dass jemand der so auftritt, sehr schnell zum Dorn im Auge wird für all diejenigen, die Angst um ihre eigenen Pfründe haben. Kurz gesagt: Tate wurde für den Einen oder Anderen auf diesem Planeten viel zu mächtig und das in viel zu kurzer Zeit.

Nach logischer Überlegung musste damit gerechnet werden, dass die Gegenseite, also die westlichen Eliten (Matrix), reagieren werden. Auch Tate wusste das selber sehr genau. Und so war auch die Aktion von Mitte 2022 für ihn keine Überraschung, als er schlagartig mit einem Internet Bann belegt wurde. Er war darauf vorbereitet, wie er später selbst sagte. Er wusste sogar, dass die nächste Aktion der Gegenseite daran bestehen würde, ihn grundlos ins Gefängnis zu stecken. Hiervon sprach er mehrfach in Interviews noch Ende 2022.

Im Dezember 2022 kam es dann schließlich dazu. Andrew Tate landete zusammen mit seinem Bruder im rumänischen Gefängnis. Seitdem herrscht totale Funkstille und die Öffentlichkeit erfährt so gut wie nichts über den aktuellen Sachstand etwaiger Ermittlungen. Für seine Fans fühlt es sich in etwa so an, als sei er vom Erdboden verschluckt worden. Ebenfalls macht sich Verunsicherung breit, was es denn mit diesen Ermittlungen auf sich hat und wie der Fall sich nun weiterentwickelt. Natürlich erhoffen sich seine Hasser, dass er nie wieder aus dem Gefängnis entlassen werden wird. Und seine Befürworter beten insgeheim, dass dies nicht eintreten wird.

Als absolut sachkundiger Kenner der Justiz und als investigativer Journalist ist mir an dieser Stelle in den letzten Wochen vor allen Dingen eines besonders aufgefallen:

Etwa 99% aller Menschen haben überhaupt keine Vorstellung und besitzen fast keine Kenntnisse darüber, wie die rechtlichen Gegebenheiten für Tate nun aussehen. Das ist klar nachvollziehbar, denn nur die Wenigsten von uns hatten oder haben direkte Erfahrungen mit der Justiz gemacht. Wer jedoch wie ich Zeuge unzähliger Gerichtsverhandlungen war, und darüber hinaus bestens vertraut ist mit der Arbeitsweise der Polizei, der Kriminalpolizei, der Staatsanwaltschaft, des Gerichtsapparates und der Verwaltung, der erkennt sofort sämtliche Ungereimtheiten, die mit diesem Fall in Verbindung stehen.

Ohne zu viel vom Inhalt dieses Buches bereits vorwegzunehmen, möchte ich den Leserinnen und Lesern aber eines mit auf den Weg geben:

Nichts ist so wie es scheint!

Dass ein Justiz System gerecht ist und nach Recht und Ordnung verfährt, das wurde uns in der Schule und durch die Gesellschaft so lange erklärt, dass wir heute keinerlei Zweifel daran hegen würden. Ich kann aber aus erster Hand berichten, dass wir erhebliche Zweifel haben müssen, ob immer alles nach Recht und Gesetz vor sich geht. Dazu später ausführlich mehr.

Im Einzelnen werde ich auch für den Laien leicht verständlich darlegen, was an diesem Vorgang alles faul ist und warum aus meiner Sicht so ziemlich alles darauf hindeutet, dass es sich um eine Racheaktion im wahrsten Sinne des Wortes handelt, für die es keinerlei rechtliche Grundlage gibt. Mithin wäre das Handeln der staatlichen Akteure möglicherweise rechtswidrig oder sogar kriminell. Sobald sich diese Sichtweise aber bestätigen würde, müsste man den Fall genau umgekehrt betrachten. Dann wäre Tate das Opfer und die staatlichen Akteure wären die möglichen Täter. Dass auch dieser Punkt schon bald erreicht werden kann, werde ich genau darlegen.

Nur so viel vorweg: Das rumänische Justiz System hat nicht unendlich viele Möglichkeiten zur Verfügung. Es wird schon bald aufgerufen sein, Entscheidungen zu treffen. Das Wartespiel, das derzeit betrieben wird, kann nicht ewig aufrechterhalten werden. Die Beteiligten müssen sich ab einem bestimmten Punkt entscheiden, in welche Richtung sie die Sache weiter betreiben wollen, wenn sie nicht Gefahr laufen möchten, komplett in die Rechtswidrigkeit abzudriften. Ihr Entscheidungsspielraum ist durchaus begrenzt, und hierin liegt die Chance für Andrew. Auch bin ich mir ziemlich sicher, dass er mit der Verpflichtung seiner neuen Star Anwältin Tina Glandian extrem gute Karten hat.

Man kann sich also getrost darauf verlassen:

Tate wird zurückkommen!

Stärker und reifer als jemals zuvor. Denn ich weiß sehr genau, dass er die Zeit in der Zelle nutzen wird, für einen weiteren gewaltigen mentalen und physischen Entwicklungsschritt in seinem Leben. Wie dieser dann aussehen wird, darauf dürfen wir alle schon jetzt sehr gespannt sein.

1. Kapitel: Der außergewöhnliche Lebenslauf eines Erfolgsmenschen

Emory Andrew Tate III wurde am 1. Dezember 1986 in Washington DC geboren. Sein Vater, ein US-Amerikaner, war der internationale Schachmeister Emory Tate, welcher afroamerikanische Wurzeln besaß. Seine Mutter kam aus dem Vereinigten Königreich. Tate ist es deshalb möglich geworden, sowohl Staatsbürger der USA als auch des Vereinigten Königreichs zu sein.

Während seine Mutter sich maßgeblich um die Erziehung und Versorgung der insgesamt drei Kinder kümmerte (die Brüder haben nämlich noch eine Schwester), war es der Vater, der das Geld für seine Familie verdiente. Der Vater war Militärangehöriger der US-Streitkräfte. In dieser, aber auch in anderen Funktionen, war er auch nach Aussage seines Sohnes Andrew viel unterwegs. Bereits aus dieser Konstellation erhielt der junge Andrew die Einflüsse vermittelt, die ihn bis heute prägen. So zum Beispiel seine Vorstellung, dass es der Familie guttut, wenn die Mutter maßgeblich zu Hause ist und von Beginn an ihre Zeit mit den Kindern verbringt. Die Hauptprofiteure sind dabei der eigene Nachwuchs. Andrew beschreibt diese Zeit als harmonisch.

Für Andrew war sein Vater aber wohl sein größtes Vorbild. So berichtet er noch heute innerhalb seiner Interviews von den Prägungen, welche er durch seinen Vater erhalten hatte. Demzufolge müssen es die Männer sein, die nach draußen gehen in die Welt, dort ihren Mann stehen, und mit „Beute" wieder nach Hause zurückkehren, um damit die gesamte Familie gut versorgen zu können.

Diese Art von Vätern schützt demzufolge ihre Liebsten, indem sie ihnen ein angenehmes Zuhause ermöglichen, und die bestmögliche Versorgung sicherstellen. Dieses Familienbild war noch bis in die Mitte des letzten Jahrhunderts der Normalfall. In den Ohren der Menschen heutiger Gesellschaften klingt dies oft nicht mehr nachvollziehbar. Nach feministischer Vorstellung sollen Frauen ihre Kinder - sofern sie denn überhaupt noch welche haben - sehr schnell in fremde, meist staatliche Hände geben, um sich dann ihrer Karriere widmen zu können. Das nennt man dann Emanzipation.

Andrew hat hingegen aus erster Hand das althergebrachte Familienbild erlebt und kennt dessen Vorteile. Im Übrigen entspricht diese Lebensweise auch der unserer sämtlichen Vorfahren. Da können wir bis in die Steinzeit zurückgehen.

Auch sonst hat der junge Andrew sehr viel von seinem Vater mitnehmen können. Da wäre zum einen das Schachspiel zu nennen, das er sehr schnell erlernte und es selber zur Meisterschaft vervollkommnen konnte. Dies schafft er unter anderem auch deshalb, weil er es sich zutraute, schon als Jugendlicher gegen Erwachsene anzutreten. Ganz sicher war sein Vater eine Person mit einem starken Mindset unter einem ordentlichen Durchsetzungswillen. Er war Mitglied der Armee, weshalb ich davon ausgehen würde, dass Disziplin und Wille hierrüber ebenfalls auf den jungen Andrew abgefärbt sind.

Der junge Andrew suchte schon immer die Herausforderung, an der seine Persönlichkeit stetig wachsen konnte. Es folgte seine legendäre Kickbox Karriere mit insgesamt vier Weltmeister Titeln und 85 Profikämpfen, von denen er 76 gewann, was eine dominante Bilanz darstellt.

Es folgte schließlich seine Transformation zum weltweit agierenden Businessmen mit verschiedenen Geschäftsmodellen. Hierüber generierte er in kürzester Zeit wohl an die hundert Millionen US Dollar. Neben verschiedenen kleineren Geschäftsmodellen handelt es sich im Großen und Ganzen wohl um ein Webcam Business, ein Casinobusiness sowie um eine

Internet basierte Coaching Universität. Nach eigenen Aussagen verfolgt er aber auch weitere Geschäftsanliegen, und verzeichnete unter anderem Erfolge im Bitcoin Markt, so wie im Immobiliengeschäft.

Andrew Tate ist zum Zeitpunkt der Entstehung dieses Buches 36 Jahre jung. Der eben kurz skizzierte Lebenslauf scheint sagenhaft zu sein und wie aus dem Bilderbuch zu stammen. Ist er doch eben gerade mal dem jungen Mannesalter entwachsen, und hat schon so unglaublich viel erreicht. Unschwer stellt man sich die Frage, was noch alles kommen mag im Leben des Andrew Tate und zu welchen neuerlichen Höhen er sich aufschwingen wird.

Zu was er außerdem fähig ist, davon hat er insbesondere seit 2022 ein deutliches Zeugnis abgelegt: In ihm schlummert nämlich ein genialer Rhetoriker, ein wahres Kommunikationsgenie, welches in der Lage ist, im Sturm Millionen von Menschen zu erreichen.

In der Tat gibt es ein solches Talent nur selten. Selbst im Kreise der Kommunikationsprofis aus Politik, Wirtschaft und Medien hört man solch eine Expertise verbunden mit solch einem Charisma nur äußerst selten. Er ist unglaublich schlagfertig, lässt sich durch seine Kommunikationspartner nicht in die Enge treiben oder verunsichern, sondern er schafft es vielmehr, die Runde zu dominieren oder sogar hinter sich zu vereinen. Blitzartig hat er die geeigneten Argumente bei der Hand und trägt stakkatoartig vor. Er brilliert dabei mit fundiertem Fachwissen, so wie mit Geschichtskenntnissen.

Er hat damit definitiv das Zeug zu einem wahren Anführer, der als Lenker und Gestalter in jeder Funktion Verantwortung für andere Menschen übernehmen kann. Und das auch auf der ganz großen globalen Bühne.

Weil er aber seinen ganz eigenen Stil verfolgt und weil er am Fließband berechtigte Kritik an den herrschenden Eliten übt, war es klar, dass Gegenmaßnahmen nicht lange auf sich warten lassen würden. Am 29. Dezember 2022 wurde er zusammen mit seinem Bruder in ein rumänisches Gefängnis verschleppt. Über den Fall herrscht bis dato fast vollkommene Funkstille, was absolut außergewöhnlich ist. Wir müssen uns also die berechtigte Frage stellen:

Ging diese Festnahme mit rechten Dingen zu, oder handelt es sich in Wirklichkeit um einen rechtswidrigen Racheakt mächtiger Eliten, die aus dem Hintergrund operieren?

Die folgenden Kapitel werden hierüber genaue Auskunft geben.

2. Kapitel: Das Vorermittlungsverfahren und die mysteriöse Festnahme – Eine geplante Racheaktion globaler Eliten?

Niemand von uns hat Einblick erhalten in die Ermittlungsunterlagen der rumänischen Staatsanwaltschaft. Und von Tates Anwälten ist bekannt, dass selbst ihnen wichtige Dokumente der Ermittlungsbehörden erst nach und nach überreicht wurden. Meist auch noch in rumänischer Sprache. Insofern dürfte klar sein, dass es bisher ein großes Rätselraten ist, was Tate konkret zur Last gelegt wird.

Im Allgemeinen ist in den Medien jedoch von den Delikten „Organisierte Kriminalität und Menschenhandel" die Rede. Dies lässt sich im Übrigen auch daraus ableiten, dass die zuständige Staatsanwaltschaft die sogenannte DIICOT ist. Hierbei handelt es sich um eine Sonderstaatsanwaltschaft des rumänischen Staates mit den schwerpunktaufgaben Bekämpfung des organisierten Verbrechens und des Terrorismus. Das heißt nicht, dass diese Behörde nicht auch gegen andere Delikte ermittelt, welche allgemeiner Natur sind, jedoch zeigt der Schwerpunkt deutlich auf, wie der rumänische Staat den Fall grundsätzlich einschätzt.

Die DIICOT kümmert sich nämlich normalerweise nur um die ganz großen Fische. Sie ermittelt diesbezüglich im Inland und im Ausland und genießt die Unterstützung internationaler vergleichbarer Behörden, die auf Zusammenarbeit angewiesen sind.

Soweit bekannt ist, wurde das Verfahren im April 2022 eingeleitet. Diesbezüglich kam es zu diversen Hausdurchsuchungen auf dem rumänischen Anwesen von Andrew Tate in seinem Beisein und im Beisein verschiedener weiterer Personen. Die rumänischen Behörden hatten dabei vollumfänglich die Möglichkeit der Sichtung und Beschlagnahme erhalten und diese Möglichkeit auch umfangreich genutzt. So wurden anscheinend viele Handys und Unterlagen im April 2022 zur Auswertung mitgenommen.

Hierbei erklärten die Tate Brüder ihre volle Zusammenarbeit mit den Behörden, und auch die Angestellten - meist Frauen - erklärten sich zur vollen Zusammenarbeit bereit. Man machte kein Geheimnis daraus, dass man von Seiten der Tates möchte, dass die Sache schnell und kooperativ geklärt wird.

Das Verhalten von Tate spricht insofern Bände,

weil er von Anfang an bereit war, mit den Behörden kooperativ zusammenzuarbeiten. Er öffnete alle seine Bereiche und machte keine Anstalten, Rumänien nun für immer verlassen zu wollen. Demzufolge hätte man schon annehmen können, dass er nichts zu verheimlichen oder zu verdunkeln hat.

Die rumänische Staatsanwaltschaft hatte nun über ein halbes Jahr Zeit, in einem Vorermittlungsverfahren zu klären, wie sie weiter vorzugehen gedenkt. Sie hatte innerhalb dieses Zeitraums wie schon gesagt alle Möglichkeiten, Ermittlungen in alle Richtungen anzustellen.

Insbesondere hätte sie

- Zeugen befragen können,
- sämtliche Firmenunterlagen sichten können,
- sich der firmeneigenen Videoaufnahmen bedienen können,
- sämtliche elektronischen Geräte vollumfänglich auswerten können.

Ich gehe davon aus, dass dies alles geschehen ist, und dass dabei nichts gefunden wurde.

Darüber hinaus verfügt jede Staatsanwaltschaft auf diesem Planeten aber über kriminaltechnische Möglichkeiten, die über das bekannte Maß hinausgehen, und eher mit geheimdienstlichen Methoden verwandt sind.

Dazu gehört unter anderem:

- Das geheime Abhören und Auswerten von Telefongesprächen.

- Das heimliche Filmen mit infiltrierten Überwachungskameras.

- Die heimliche Überwachung durch verdeckte Polizisten oder Sondereinheiten.

- Die heimliche Auswertung von Internet Suchanfragen (zum Beispiel auf Google oder YouTube).

- Beziehungsweise die heimliche Infiltration auf dem Firmennetzwerk. Über letztere Möglichkeit würden sich zum Beispiel Mikrofone und Kameras jederzeit übernehmen lassen, um spontan und heimlich Gespräche mithören zu können, oder Aufnahmen zu erhalten.

Edward Snowden lässt grüßen. Seitdem der Whistleblower zu den Möglichkeiten der NSA ausgepackt hatte, haben wir eine ungefähre Vorstellung von den technischen Möglichkeiten, die staatlichen Ämtern weltweit zur Verfügung stehen.

Es ist aber ebenfalls kein Geheimnis, dass die Kriminalpolizei und die Staatsanwaltschaften sich ähnlicher oder gleicher Methoden bedienen. Immer unter dem Vorwand der angeblichen Gefahrenabwehr zum Schutz der Allgemeinheit. Das Erstaunliche daran ist, das es für solche Maßnahmen eigentlich der richterlichen Befugnis bedarf. In der Realität scheint es aber so zu sein, dass die Ämter und Behörden - mutmaßlich möglicherweise auch in Rumänien - schalten und walten können, wie sie möchten, weil sie möglicherweise eine Art General-Bevollmächtigung durch gleichgeschaltete Richter erhalten haben könnten.

Ich vermute deshalb sehr stark, dass die ermittelnden Behörden auch diese Methoden genutzt haben könnten, um dem vermeintlichen Täter auf die Spur zu kommen.

Nochmal: Sie haben sich über ein halbes Jahr lang Zeit gelassen, ohne offiziell verlautbaren zu lassen, ob sich ihre Verdachtsmomente nun erhärtet haben, oder ob sie entkräftet wurden. Ich gehe deshalb felsenfest davon aus, dass die Staatsanwaltschaft alles in ihrer Macht stehende getan hat, um Erkenntnisse zutage zu fördern, jedoch in keinem einzigen Punkt erfolgreich war. Andernfalls hätten wir ganz sicher auf offiziellem Weg davon Kenntnis erlangt. Stattdessen jedoch nur Schweigen.

Selbstsicher wie Andrew Tate nun mal ist, hat er im Zeitraum von April bis Dezember 2022 dem Fortgang der Ermittlungen gar keine weitere Beachtung geschenkt, sondern er hat sich vielmehr auf sein Business und auf die Verbreitung seiner Thesen konzentriert. Dazu war er Gast in weltweiten Fernseh- und Internetformaten, und es gelang ihm bereits innerhalb weniger Monate nach seinem Internet Bann, wieder ordentlich Fuß zu fassen. Er hangelte sich von Interview zu Interview und erreichte schnell ein Millionenpublikum.

Er schien in dieser Phase abermals unaufhaltsam zu sein und sammelte viele Sympathiepunkte, anscheinend auch bei seinen vormaligen Kritikern. Wie schon gesagt, ist er in außerordentlich hohem Maße dazu in der Lage, seine Standpunkte eloquent und nachvollziehbar darzustellen. Dies brachte vielerorts seine Kritiker zum Schweigen oder zumindest zum Nachdenken. Kurzum: Anders als die meisten Menschen auf dieser Welt, lies sich Tate durch die strafrechtlichen Ermittlungen der rumänischen Behörden in keiner Weise beeindrucken oder stoppen.

Nehmen wir mal an, hinter all dem steckt ein Komplott, und die Ermittlungen wären nur vorgeschoben, um Tate in seinem Wirken zu stoppen oder zumindest zu hemmen. Dieses Komplott könnte geschmiedet worden sein von mächtigen Eliten. Eben diese Eliten, die Tate in seinen Interviews und in seinen Veröffentlichungen immer wieder bloßstellt. Vermutlich hätten diese Eliten angenommen, Tate damit zum Schweigen bringen zu können. Nun ist aber genau das Gegenteil eingetreten. Der Kämpfer Tate ließ sich nicht stoppen, sondern nahm die Herausforderung dankend an.

3. Kapitel: Twitter-Zoff mit Greta Thunberg, dann kam der Befehl zum Zugriff durch die Polizei

Kurz vor seiner Festnahme Ende Dezember 2022 kam es zu einem Tweet Austausch zwischen ihm und der berühmt berüchtigten Klimaaktivistin Greta Thunberg. Hierbei machte er keinen Hehl daraus, dass er die Klimaagenda für eine riesige Clownnummer hält, und er zählte dabei auf, wie viele Sportwagen er besitzt, und wieviel Emissionen dadurch wohl freigesetzt werden. Greta Thunberg wiederum antworte auf merkwürdig angegriffene Weise und schien etwas hilflos. Wer sich näher mit Greta Thunberg beschäftigt, der weiß ohnehin, dass hier wenig Hintergrundwissen und Tiefgründigkeit zu erwarten sein dürften. Das wissen wir spätestens seit dem Spontaninterview des YouTube Formats „Rebel News", als die Reporter Greta Thunberg beim WEF-Treffen 2023 in Davos näher befragten und zu 95% nur Kichern die Antwort war.

Nun ist das aber ausgerechnet diese Greta Thunberg, welche als die Ikone der weltweiten Klimabewegung gilt, und Zugang zu sämtlichen westlichen

Regierungen erhält, wenn sie es nur wünscht. Wie schon gesagt, ist sie regelmäßiger Gast beim WEF-Treffen in Davos (das ist das von Klaus Schwab geführte und ebenfalls berühmt berüchtigte World Economic Forum) und sie dürfte über diesen Weg sicherlich auch über direkte Kontakte zu Staatsoberhäuptern, zu Regierungen, zu Ämtern und Behörden und deren Unterorganisationen besitzen. Kritiker behaupten, sie sei nur eine Marionette dieser mächtigen Eliten, die aus dem Hintergrund heraus operieren. Sie anzugreifen oder öffentlich - also zum Beispiel auf Twitter - in einem Kommunikationsgefecht in die Knie zu zwingen, könnte tatsächlich den Bogen überspannt haben.

Wir dürfen bei der Klimaagenda eines nicht übersehen: Sie dient den mächtigen westlichen Eliten in erster Linie dazu, länderübergreifende, globale Kontrollmechanismen einzuführen, wie zum Beispiel Begrenzung der Reisefreiheit, CO2 Budget, 15 Minuten Stadt und so weiter. Fällt die Ikone Greta Thunberg, gerät möglicherweise auch das diesbezügliche Ansinnen der Eliten ins Wanken. Hier steckt also möglicherweise viel mehr dahinter, als den Meisten klar sein dürfte.

So könnte ich mir gut vorstellen, dass die für Greta Thunberg beauftragten Social Media Leute aufgrund des Twitter Kampfes zwischen ihr und Tate im Dezember 2022 in große Aufregung gerieten, weil es bisher noch niemand gewagt hatte, auf diese Weise mit Greta Thunberg zu verfahren. Sie werden auch gewusst haben, dass Tate eine Millionen Anhängerschaft hat und dass dieses Wortgefecht sehr schnell für Greta Thunberg in einem KO hätte enden können. Wie wir wissen, ist Tate genau der Richtige dafür.

Jedenfalls ist extrem auffällig, dass innerhalb dieses Twitter Gefechts zwischen den beiden die Festnahme durch ein rumänisches Sonderkommando erfolgte. Und dies quasi aus heiterem Himmel. Hierbei kam es zu zahlreichen Ungereimtheiten.

Das Sonderkommando war ausgerüstet, als wenn der dritte Weltkrieg ausgebrochen wäre. Dabei wurde bereitwillig am Anwesen von Tate die Tür geöffnet. Auch jetzt wieder waren alle Beteiligten vollkommen kooperativ. Die Fernsehbilder, die erzeugt wurden, waren eindeutig Fake. Zum einen kann es gar nicht sein, dass ein geheimer Zugriff der Polizei erfolgt, aber zeitgleich die Medien mit Kameras und Liveschaltung direkt hinter der schwer bewaffneten Polizei mitlaufen. Das geht nur, wenn die Medien in den Plan involviert waren. Zum anderen wurden die Aufnahmen später geschnitten, um die Spannung zu erhöhen. So wurden legale Waffen aufgenommen, um angeblich die Gefährlichkeit der Brüder zu belegen, was lächerlich ist.

Dieser zeitlich direkte Zusammenhang zwischen Twitter und Zugriff stellt für mich eine besondere Auffälligkeit dar. Im Übrigen ist es absolut lächerlich, wenn anfänglich behauptet wurde, die Pizzaschachteln hätten Auskunft gegeben über den Aufenthaltsort. Wer dies ernsthaft annimmt, dem ist wirklich nicht mehr zu helfen. Natürlich wussten die rumänischen Behörden jederzeit, wo sich Tate befindet, was er tut und dass er eben nichts Illegales tut.

Nun könnte es sein, dass sie von höherer Stelle den Befehl erhalten haben, zuzugreifen. Und das, obwohl keine Beweise vorliegen. Kann es also sein, dass das Thunberg-Büro sich kurzerhand seiner Kontakte bemüht hat, um dies zu erwirken? Merkwürdigerweise war anscheinend auch die US-Seite informiert.

Ich stelle mir also in meiner Fantasie vor, die Thunberg-Leute rufen kurzerhand bei einem guten Kontakt des WEF an und von dort aus nötigt eine mächtige Person die rumänischen Behörden, jetzt zu handeln. Alles nur eine Verschwörungstheorie? Es sei daran erinnert, dass sich alle Verschwörungstheorien der letzten Jahre ausnahmslos bewahrheitet haben. Es ist nur eine Frage der Zeit, wann dies geschieht.

4. Kapitel: Arbeitet die rumänische Staatsanwaltschaft auf Befehl hochrangiger Auftraggeber? – Der Inside Report

Die meisten Menschen haben überhaupt keinen blassen Schimmer davon, wie die Justiz funktioniert. Man kann ihnen dabei auch gar keinen Vorwurf machen, denn woher sollen sie es denn wissen. Bereits von Kindesbeinen an verlassen wir uns sozusagen blind darauf, dass der Staat immer ehrlich ist und für Gerechtigkeit sorgt. Niemand klärt uns aber über die Details auf, wie nämlich der Staat hierbei praktisch vorgeht, um für angebliche Gerechtigkeit zu sorgen. Das Wissen hierüber ist aber elementar, um verstehen und nachvollziehen zu können, ob die Behandlung von Tate gerechtfertigt ist oder eben nicht.

Die Sache ist aber im Grunde genommen relativ gut zu erklären und zu verstehen. Nun, eine Staatsanwaltschaft hat grundsätzlich die Aufgabe, die im jeweiligen Land gültigen Strafgesetze durchzusetzen. Das heißt, immer dann, wenn gegen Strafgesetze verstoßen wurde, besteht für die Staatsanwaltschaft die Pflicht tätig zu werden und mögliche Täterinnen oder Täter vor Gericht zu bringen (sofern sie davon Kenntnis erlangt, zum Beispiel durch eine Anzeige).

Wie der Name schon sagt, handelt es sich um Anwälte des Staates. Dies sind immer ausgebildete Juristen, die ebenfalls die Befähigung zum Richteramt haben oder als selbstständige Anwälte tätig sein könnten. Nur sind sie eben in ihrer Funktion als Beamte des Staates tätig und werden von diesem entlohnt. Hieraus kann man auch bereits die Abhängigkeit der Staatsanwältinnen und Staatsanwälte zu ihrem diesbezüglichen Dienstherrn (dem Staat) erkennen. Sie können also nicht etwa schalten und walten, wie sie es selber für richtig halten, sondern sie sind auf Weisungen durch Vorgesetzte angewiesen und müssen sich strikt an diese halten.

Grundsätzlich liegt diesem Konstrukt die seit der französischen Revolution gängige Vorstellungen zugrunde, dass es eine Gewaltenteilung gäbe, die aus Exekutive, Legislative und Judikative besteht. Die Exekutive ist die ausführende Gewalt (Polizei, Armee, Staatsanwaltschaft, Lehrer und so weiter), die Legislative ist die gesetzgebende Gewalt (Parlamente) und die Judikative die richterliche Gewalt (Richter, Gerichte). Damit soll erreicht werden, dass eine Gewalt allein nicht alles entscheiden kann, sondern dass sie auf die Zustimmung der anderen Gewalten angewiesen ist, beziehungsweise deren Kontrolle unterliegt. Hiermit soll Willkür und Machtmissbrauch verhindert werden.

Die Vorstellung von der Gewaltenteilung gilt in allen sogenannten demokratischen Ländern des Westens. Somit stellt die Staatsanwaltschaft nur eine „Partei" in einem Anklageverfahren dar, neben der anderen Partei, nämlich den Beschuldigten (Tate Brüder). Beide Parteien würden sich im Rahmen einer Anklage vor Gericht vor einem Richter oder einem Gremium von Richtern dann einlassen, wobei die Entscheidung beim Gericht liegt und in einem Urteil ergeht.

Soweit zu Theorie. Ob in Wirklichkeit jedoch eine solche klare Trennung jemals vorgelegen hat oder aktuell vorliegt, würde ich in dem Bereich des Wunschdenkens verorten. Aus meiner Erfahrung ist es nämlich so, dass die Staatsanwaltschaften äußerst gute Kontakte zu den Gerichten besitzen, aufgrund zahlreicher Verfahren die bereits geführt wurden, und man sich bereits aufeinander eingespielt hat. Zu diesem Konglomerat zählen allerdings auch - und das ist kaum bekannt - die Anwälte der Beschuldigten. Auch diese gehören zum engeren Netzwerk der Justiz. Dies erklärt auch, warum die meisten Anwälte davor zurückscheuen, in den Biestmodus im Sinne ihrer Klienten umzuschalten. Sie haben ganz klar vor Augen, dass dies nicht ihr letzter Fall sein wird, und dass sie es sich sowohl mit den Staatsanwaltschaften, als auch mit den Gerichten nicht vollends verscherzen dürfen.

Ich denke, jetzt ist schon etwas klarer geworden, wie der Gerichtszirkus tatsächlich abläuft. Die Beschuldigten werden meistens in diesem aufeinander eingespielten Mechanismus zermahlen, weil sie überhaupt nicht wissen, was gespielt wird.

Kommen wir zurück zur Arbeitsweise der Staatsanwaltschaft. Die Staatsanwaltschaft, so auch in Rumänien, bedient sich der Zuarbeit von Polizei und Kriminalpolizei, sowie von Sondereinheiten. Sie können beliebig Zeugen vorladen und vernehmen, weil Zeugen immer die Pflicht haben, auszusagen, außer sie sind mit den Beschuldigten verwandt, oder wenn sie sich selbst beschuldigen würden. Ansonsten muss ein Zeuge erscheinen und aussagen. Über was für zusätzliche Möglichkeiten die Polizei verfügt, hatte ich weiter oben bereits berichtet. Im Grunde genommen genügt dies immer, um alle notwendigen Informationen zu erhalten, die entweder zu einer Anklage führen, ohne aber zur Entlastung des Beschuldigten dienen. Es gibt nur entweder oder. Also Anklage oder Entlastung.

Nun gibt es aber eine weitere Besonderheit, die für

erhebliches Stirnrunzeln sorgen dürfte. Nämlich untersteht auch die rumänische zuständige Staatsanwaltschaft dem dortigen Justizministerium. Das ist weltweit so üblich. Die Behörde ist also keinesfalls unabhängig und lediglich an die Gesetze gebunden, sondern muss sich weiterhin an die Weisungen aus dem Justizministerium halten. Tut ein verbeamteter Staatsanwalt dies nicht, wird er entlassen. Wir können also mit hundertprozentiger Wahrscheinlichkeit davon ausgehen, dass die Staatsanwälte sehr schnell auf Spur gebracht werden können, und zwar im Sinne des rumänischen Justizministeriums, wenn dies gewollt ist.

Das Justizministerium wiederum wird geführt von einem Minister oder einer Ministerin. Minister sind Angehörige der vom Volk gewählten Regierung. Sie gehören in aller Regel einer Partei an. Es handelt sich in aller Regel um Berufspolitiker.

Kurzum: Nicht etwa die Staatsanwaltschaft, also waschechte Juristen, entscheidet in letzter Konsequenz über die Maßnahmen, mit welchen Tate konfrontiert werden wird, sondern es kann ebensogut möglich sein, dass der rumänische Justizminister die Federführung übernommen haben könnte. Aber auch dieser handelt nicht im luftleeren Raum, sondern arbeitet mit aller Wahrscheinlichkeit aufs Engste mit seinen Regierungskollegen und nach deren Richtlinien zusammen.

Selbstverständlich werden kleinste und kleine Kriminalfälle nicht auf dieser hohen Ebene behandelt. Wenn es sich allerdings um Global Player wie Tate handelt, dann kann ich mir sehr gut vorstellen, dass der Vorgang auch über den Tisch des entsprechenden Justizministers, beziehungsweise anderer Regierungsverantwortlicher gegangen ist, und diese von Anfang an involviert waren. Schließlich handelt es sich um einen Fall mit sehr hoher Außenwirkung. Und weiter oben wurde bereits angedeutet, dass es möglicherweise mächtige Eliten gewesen sein könnten, die sich in einer Art Hilfeersuchen an die rumänische Regierung gewendet haben könnten. Dies alles würde selbstverständlich hinter verschlossener Tür geschehen und die Öffentlichkeit würde niemals davon erfahren. Außer einer der Betroffenen würde irgendwann Klartext sprechen. Meistens passiert dies nicht.

Ebenfalls kennen sich Politiker dieses Kalibers aus hochrangigen Treffen persönlich, eben zum Beispiel vom World Economic Forum in Davos. Man besitzt die direkten Telefonnummern der Kolleginnen und Kollegen. Weltweit. Man spricht sich mit Vornamen an. Jedenfalls sind die Kontakte auf dieser Ebene sehr eng.

Wir haben nun ein anderes Bild von einer an-

geblich unabhängigen Staatsanwaltschaft erhalten.

Wenn die beteiligten Eliten es wollen, können sie die Staatsanwaltschaft und damit die untergeordneten Polizeien und Kriminalpolizeien so steuern, wie sie es wollen. Die beim Staat Bediensteten und Beamten haben so gut wie keine Möglichkeit, dem zu widersprechen, selbst wenn sie anderer Meinung sind. Ich glaube nämlich nicht, dass im Fall Tate bei einer nicht vorhandenen Beweislage auch nur einer der Juristen der Staatsanwaltschaft ernsthaft auf die Idee gekommen wäre, eine Festnahme im Dezember 2022 durchzuführen. Es muss meiner Meinung nach eine Weisung von höherer Stelle vorgelegen haben.

In einem vergleichbaren Fall würde bei einem vollständigen Fehlen von gerichtsfesten Beweisen niemals so ein Aufwand betrieben werden. Niemals! Eine Zugriffsfestnahme, sowie eine anschließende mehrmonatige Unterbringung von Verdächtigen sind mit erheblichen Kosten verbunden. Auch die diesbezüglichen Ermittlungen und Gerichtstätigkeiten sind mit erheblichen Kosten verbunden, sodass der rumänische Steuerzahler im diesem Fall ganz sicher einige Millionen Euro hinlegen muss.

Niemals würde eine Staatsanwaltschaft solche Ausgaben riskieren, bei gleichzeitigem Fehlen von anklagefähigen Beweisen. Denn der Staatsanwalt müsste sich gegebenenfalls persönlich für diese Verschwendung von Steuergeldern später verantworten. Ein solches Verfahren wie im Falle Tate wird also nur dann geführt, wenn Geld keine Rolle zu spielen scheint und wenn irgendjemand von ganz oben den felsenfesten Entschluss gefasst hat, dass es genauso sein muss.

Irgendjemand könnte also angeordnet haben, dass die Zugriffsoperation nun durchgeführt werden muss und die Tate Brüder so schnell wie möglich in einem Knast zu verschwinden haben.

Wer nun denkt, dass so etwas möglicherweise nur in Rumänien stattfinden könnte, der irrt sich gewaltig. Bei der Recherche ist mir aufgefallen, dass insbesondere US-amerikanische Berichterstattungen von ansonsten kritischen Kommentatoren davon ausgehen, dass so etwas in einem demokratischen Land niemals passieren würde. Weit gefehlt liebe Leute.

Aus meiner Erfahrung muss man zwingend davon ausgehen, dass Justizen so ziemlich aller westlichen Länder sich dieser und ähnlicher Tricks bedienen, um politische Zwecke umzusetzen. Man spricht hierbei von politischen Gefangenen. Natürlich wird in westlichen Medien hierüber niemals gesprochen, denn es herrscht ja das fest verankerte Narrativ vor, dass nur diktatorische Länder politische Gefangene mundtot machen würden. In einer Demokratie würde dies doch niemals geschehen, so die öffentliche Meinung. Anscheinend doch. Und es gibt etliche vergleichbare Fälle aus anderen westlichen Ländern, die weniger bekannt sind.

Das Problem dabei ist, dass es so gut wie keine Handhabe gibt, dem Treiben der Staatsanwaltschaft Einhalt zu gebieten. Diese beruft sich nämlich auf die gültige Gesetzgebung, wonach sie zur Gefahrenabwehr oder aus ermittlungstaktischen Gründen genauso verfahren darf, wie sie es tut. Hierüber wacht ein Gericht, dass die Maßnahmen kurzerhand absegnet. Somit dürfte klar sein, dass Andrew Tate bis zu 180 Tage in Untersuchungshaft bleiben muss, wenn es so gewollt ist.

Erst danach muss entweder die Anklage erfolgen, oder der Beschuldigte ist freizulassen. Ich gehe davon aus, dass die rumänische Staatsanwaltschaft die vollen 180 Tage in Anspruch nehmen wird. Wir sprechen hier immerhin von einem halben Jahr Haft gegenüber einem Unschuldigen, denn nichts anderes ist Andrew Tate. Er gilt als Beschuldigter in einem Strafermittlungsverfahren, in dem es keine objektiven Beweise zu geben scheint. Es sieht aus, als könnte es sich möglicherweise um ein Willkürverfahren handeln, in dem es nur darum geht, den Beschuldigten zu brechen und zur mentalen Aufgabe zu zwingen. Die Behörden wissen hierbei sehr genau, dass sie im

Moment niemand bei ihrem Ansinnen stoppen kann.

Auch in Rumänien gilt der Grundsatz: Solange keine Verurteilung vorliegt, gilt ein Beschuldigter dem Gesetz nach als unschuldig. Selbst ein vor Gericht Angeklagter gilt immer noch als unschuldig, so lange, bis ein Urteil gegen ihn ergangen ist. Andrew Tate ist also de facto und de jure unschuldig! Hier gibt es keine zwei Meinungen.

Eigentlich ist es die Aufgabe der Staatsanwaltschaft, so schnell wie möglich nun die nötigen Beweise zutage zu fördern, die entweder zu einer Entlastung führen oder aber eine Anklage ermöglichen. Ich gehe felsenfest davon aus, dass die Staatsanwaltschaft alles, aber auch wirklich alles dafür tut, um irgendetwas zu finden, was eine Anklage rechtfertigen würde. Das muss nicht zwingend notwendig mit der vorgebrachten Beschuldigung in Verbindung stehen, sondern könnte auch etwas beliebig anderes sein.

Zum Beispiel eine nicht angemeldete Schusswaffe, ein nicht angemeldetes Kfz, oder eine falsche Steuererklärung. Getreu dem Motto: „Irgendwas werden wir doch wohl finden."

Das Erstaunliche dabei ist, das bis heute auch gemäß Aussagen der Tate Anwälte anscheinend nichts, aber auch gar nichts diesbezüglich gefunden wurde. Die Männer scheinen eine vollständig weiße Weste zu besitzen, was heutzutage zugegebenermaßen selten ist. Auch aus diesem Grund müsste die Staatsanwaltschaft die Männer eigentlich umgehend auf freien Fuß setzen.

Das geradezu Schizophrene am gesamten Prozedere ist aber folgendes: Wie kann man zunächst von April bis Dezember 2022 Vorermittlungen durchführen, welche ohne nennenswerte Ergebnisse verlaufen, um dann in einer Zugriffsoperation die Tate Brüder in den Knast zu bringen, als wären sie mit einem Mal als Schwerstverbrecher zu behandeln, ohne dass sich an der objektiven Sachlage irgendetwas geändert hätte?

Das ist sehr auffällig!

Die rumänischen Behörden und der rumänische Staat tun sich mit dieser leicht zu durchschauenden Maßnahme keinen guten Gefallen. Denn die ganze Welt blickt jetzt auf Rumänien und interessiert sich dafür, ob es noch Recht und Gesetz in diesem Land gibt. Ob das die Akteure in ihre Überlegungen miteinbezogen haben, halte ich für fraglich. Ob sie also so weit denken, dass der Bumerang, den sie geworfen haben, ganz schnell wieder auf sie selbst zurückfallen wird?

Denn schon bald wird die Staatsanwaltschaft durch das Gesetz gezwungen sein, irgendeine Entscheidung zu treffen. Entweder sie erhebt Anklage (was ich nicht glaube). Dann kommt es vor Gericht zu einem Schlagabtausch, indem die Beweise zählen. Oder aber Andrew ist wieder auf freien Fuß zu setzen, und auch dann wird es eine mediale Aufarbeitung der rumänischen Zustände geben.

So oder so wird der große Knall erst noch kommen. Was wir jetzt erleben, ist die sprichwörtliche Ruhe vor dem Sturm. Ich glaube deshalb, dass es eher die rumänischen Behörden sind, die sich hier ein mächtiges Eigentor geschossen haben, und meine Frage wäre, warum und durch wen sie sich dazu möglicherweise haben nötigen lassen. Allein sind sie meiner Meinung nach nicht auf diese Idee gekommen.

5. Kapitel: Warum die Matrix hinter all dem stecken muss

Andrew Tate ist berühmt dafür, dass er sich immer wieder auf die sogenannte „Matrix" bezieht. So waren die Worte während seiner Festnahme in die laufenden Kameras auch, dass die Matrix ihn attackiert hätte. In seiner gesamten Theorie spielt die Vorstellung der Matrix eine zentrale Rolle. In seinen Ansprachen und Interviews benutzt er die Metapher von der Matrix immer und immer wieder, um anschaulich zu machen, dass die Menschen in den westlichen Gesellschaften, aber auch sonst weltweit, durch eine kleine Führungselite förmlich versklavt sind, ohne dass sie es eigentlich selbst wissen. Die allermeisten Menschen drehen sich demzufolge in einem Hamsterrad, wobei ihnen immer große Versprechungen gemacht werden, die am Ende nie eingehalten werden. Profitieren würde eben nur eine winzige globale Elite, die aus dem Hintergrund heraus operiert.

Der Begriff der Matrix stammt vom gleichnamigen Film ab, der ziemlich vielen Menschen ein Begriff sein dürfte. In dem Science-Fiction-Klassiker aus dem Jahre 1999 mit Keanu Reeves in der Hauptrolle als Neo, ist die Matrix ein Computerprogramm, dass alle Menschen durch direkten Zugang zum Gehirn überwacht, kontrolliert und steuert, indem es eine Welt vorspielt, die es gar nicht gibt. In Wirklichkeit werden alle Menschen getäuscht, und sie werden nur dazu benutzt, um ihnen Energie abzusaugen, welche wiederum der Aufrechterhaltung der Maschinendiktatur dient.

Ich empfehle den Film unbedingt nochmal anzuschauen, denn er kann tatsächlich die Augen öffnen.

Jedenfalls benutzt Tate die Metapher von der Matrix, um sie eins zu eins in die Realität zu übertragen. Und er hat Recht mit dem, was er sagt. Denn auch heutzutage konsumieren wir jeden Tag Informationen, die wir über unsere elektronischen Geräte wie Handys, Laptops und TV erhalten, und wir glauben in aller Regel das, was uns dort präsentiert wird. So weit sind Film und Wirklichkeit also gar nicht auseinander. Die Menschen glauben blind, was ihnen vorgegaukelt wird. Sie folgen blind und ohne kritische Nachfrage den herrschenden Narrativen. Wer diese in Frage stellt, der ist sofort ein Verschwörungstheoretiker, ein Querdenker oder ein Rechtsradikaler. Diese Menschen werden von der Matrix durch Verachtung und Ausgrenzung bestraft.

In Tates Worten betreibt die Matrix einen Riesenbetrug an der Menschheit, wobei auch nicht von der Hand zu weisen ist, dass viele Menschen sich gerne betrügen lassen. Sie sind schlicht zu faul oder zu feige, um aufzuwachen. Sie lassen sich gerne falsche Bilder vorgaukeln, die es gar nicht gibt.

Hier einige Beispiele, die auch Tate so oder so ähnlich benutzt:

In allen westlichen Kulturen gehen Kinder zur Schule. Dies schon in frühem Alter und über einen langen Zeitraum. Offiziell heißt es, sie würden dabei viele wichtige Dinge lernen, die sie für das spätere Leben benötigen. Diese Lerninhalte würden dazu dienen, dass sie später zu Wohlstand oder sogar zu Reichtum kommen würden, dass sie angesehene Bürger ihres Landes werden und ihre Aufgaben zu ihrem eigenen Wohl bestens erfüllen könnten. Außerdem würden sie in der Schule soziale Abläufe besser kennenlernen.

Wer nicht in die Schule gehen würde, der hätte niemals die Chance, später im Leben klarzukommen. Dazu würde man eine staatliche Schule benötigen. Lehrer, die in Wirklichkeit Beamte des Staates sind, wären zwingend dafür notwendig, die Kinder auszubilden. Lernen innerhalb der Familien kommt hierbei nicht in Frage. Die Eltern und die Familien werden in diesem Kontext eher als störend wahrgenommen. Der Staat ist für die Erziehung der Kinder verantwortlich.

In Wirklichkeit ist es doch aber so: Selbst nach zehn oder mehr Jahren staatlicher Schulbildung sind eine große Anzahl von Kindern nicht in der Lage, die Grundrechenarten zu beherrschen, mehrseitige Texte zu verfassen oder im Sport besondere Leistungen zu vollbringen. Sie haben weder umfangreiche geschichtliche Kenntnisse, noch besitzen sie das Wissen aus Biologie, Chemie und Physik dauerhaft. Meist ist alles schnell vergessen.

Dies beweisen Stichproben in allen Schulen aller Länder. Das moderne Schulsystem ist so etwas von ungeeignet, Kindern effektiv Wissen zu vermitteln, dass es im Grunde genommen kaum zu übersehen ist. Trotzdem wird daran festgehalten.

Die Großzahl der Schulabsolventen geht dann entweder weiterhin zur Schule, nämlich an eine Universität, oder wechselt in einen Job. Nur denken die meisten, wenn sie einen Job haben, sind sie auf dem richtigen Weg. Der Fehler, der hierbei gemacht wird, ist dass Zeit gegen Geld getauscht wird. Da Zeit aber bei jedem von uns begrenzt ist, ist das kein guter Deal. In Wirklichkeit dienen 98% der Schulabsolventen fremden Herren, die ihrerseits Kasse machen mit der Arbeitskraft der Angestellten. Weiterhin ist es Fakt, dass so gut wie niemand Millionär wird, der sich in einem Angestelltenverhältnis befindet. Jeder,

der also nicht Unternehmer ist, wird es nur in den seltensten Fällen zu außergewöhnlichem Wohlstand bringen.

Wird einem das in der Schule oder in der Berufsausbildung so vermittelt? Natürlich nicht, sonst würde ja kaum jemand diesen Weg wählen. Die Leute werden demzufolge von vorne bis hinten an der Nase herumgeführt.

Fächer wie Finanzen, gesunde Ernährung, Sporttheorie, gesunde Lebensführung, Gewinner-Mindset und so weiter sucht man in der Schule vergebens. Sollte ein Schüler sich etwa damit outen, dass er vorhat, Unternehmer und Millionär zu werden, so wird dies nicht selten von Lehrern als unseriös abgetan. Auch viele Eltern antworten dann, das Kind solle doch erst mal einen seriösen Schulabschluss oder eine seriöse Ausbildung machen. Dabei muss man sich immer die Frage stellen, von wem solche Ratschläge kommen. Wer es selber nicht geschafft hat, im Leben Hervorragendes zu erreichen, indem er es zu besonderem Wohlstand und zu besonderen körperlichen oder geistigen Eigenschaften gebracht hat, kann kaum als Vorbild für andere in der Sache dienen, oder?

Tate weist also deutlich darauf hin, dass sowohl Schule als auch Universität Clown Systeme sind, in dem selber erfolglose Menschen jungen Kindern oder jungen Erwachsenen beibringen wollen, wie sie erfolgreich werden können. Dabei könnten sie selbst so gut wie keine Erfolge vorweisen. Oder kennt irgendjemand eine Biologie-, Physik- oder Chemie-Lehrerin, die durch bahnbrechende Erkenntnisse berühmt geworden ist? Nein! natürlich nicht! Es handelt sich hierbei lediglich um Menschen wie du und ich, die selber irgendwann mal nach einem Job gesucht haben, und eben nichts Besseres gefunden haben, als Lehrer zu werden, weil sie hierbei eine gute Bezahlung genießen, eine angesehene Position haben und eine Menge freie Zeit ihr Eigen nennen können. Handelt es sich hierbei um die Besten der Besten, die unsere Kinder ausbilden? Ich glaube, die Frage kann jeder für sich selber einmal beantworten.

Gemäß Andrew Tate müssen Menschen also dort lernen, wo tatsächlich Spezialisten sind. Also Personen, die tatsächlich in der Realität Dinge erreicht haben. Seien es Wissenschaftler, Künstler, Businessleute oder Sportler. Wer solche Leute als Mentoren hat, der lernt in Lichtgeschwindigkeit alles, um selber genauso erfolgreich zu werden. Andrew Tate hat selbst solch eine Schule/Universität aufgebaut, die sehr erfolgreich und beliebt ist.

Die Matrix möchte das aber auf jeden Fall vermeiden. Denn wenn jeder ein Top G ist, wer macht dann die Arbeit für die Eliten? Wer baut die tausende Kilometer langen Straßen? Wer zieht in den Krieg? Wer sitzt im Supermarkt an der Kasse? Na, wird es jetzt klarer? Von Anfang an ist es so gewollt, dass diese Beschäftigungen mit Angestellten befüllt werden. Wie du Millionär wirst und zu Wohlstand kommst, sagt dir dabei niemand.

Ein weiteres Beispiel: Der Bankmitarbeiter lädt dich zu einem Beratungsgespräch ein und möchte dir mitteilen, wie dein Geld in der Bank idealerweise vermehrt werden kann. Du fragst als erstes den Bankmitarbeiter, ob er selber Millionär ist. Er antwortet dir: „Nein, natürlich nicht. Ich beziehe ein durchschnittliches Gehalt, denn ich bin Angestellter".

Sinn der Geschichte: Wie will allen Ernstes jemand, der selbst noch nie reich war, dafür sorgen, dass mein Geld sich so vermehrt, dass ich reich werden könnte? Wenn er das nämlich wüsste, wäre er selber reich und würde nicht bei der Bank arbeiten. Es handelt sich also um einen Scam.

Ebenso verhält es sich mit dem Gesundheitssystem. Dem diesbezüglichen Narrativ folgend, müssen wir uns regelmäßig den ärztlichen Kontrollen unterziehen und auf Anordnung von Ärzten Medikamente schlucken, die uns verordnet werden. Nachfragen unerwünscht. Seinen Höhepunkt erreichte diese Geisteshaltung mit der sogenannten Coronakrise und der Verordnung der Spritze. Wozu das geführt hat, sehen wir jetzt: weltweite Übersterblichkeit, junge Menschen kippen reihenweise um und sterben plötzlich und unerwartet.

Alle die 2021 noch eindringlich warnten, waren Verschwörungstheoretiker. Die Ungeimpften das Feindbild Nummer 1. Jetzt hat sich der Wind gedreht und die Wahrheit kommt nach und nach ans Licht. Aber warum ist das so, dass Millionen und Abermillionen blindlings aberwitzigen Anordnungen gefolgt sind? Wie konnte es sein, das alternative Behandlungsmethoden, die hundert Prozent erfolgversprechend waren, aus dem Bewusstsein getilgt wurden? Wie kommt es, dass so viele Menschen wie Roboter bereit waren, sich fremdprogrammieren und fremdsteuern zu lassen und allen Anweisungen blindlings gefolgt sind (Masken, Lockdowns, Reiseverbote, Internierung, Zensur, Zwangsimpfung)?

Wie jetzt nach und nach herauskommt, war es der Plan einer winzigen Elite, bestehend aus mächtigen Finanzunternehmen gepaart mit dem digitalen Komplex in Verbindung mit Geheimdiensten und den involvierten Regierungen, welche versucht haben, über die Coronakrise einen weltweiten Masterplan (Great Reset)zu exekutieren, der nicht etwa zum Ziel gehabt hat, die Gesundheit der Menschen zu garantieren, sondern dessen erstes Anliegen es war, diktatorische Kontroll- und Zwangsmaßnahmen über die Völker auszuschütten, für die es bisher kein Beispiel in der Geschichte der Menschheit gab.

Zum Glück ist dieser Plan durch das mutige Aufbegehren des weltweiten Widerstandes zum Stillstand gebracht worden. Viele sind aufgewacht und haben sich der kritischen Berichterstattung zugewandt. So eben auch Andrew Tate, der auch zu diesem Thema den Finger in die Wunde gelegt hat und keinen Hehl aus seiner Meinung gemacht hat. Er hat damit bewiesen, dass er in der Lage ist, vollkommen selbstständig zu denken und zu handeln, und seine Meinung frei und offen zu kommunizieren, egal, was andere danach über ihn denken. Ein freier Geist eben.

Er reiht sich damit nahtlos ein in die Schar derer, die nun zur Millionen weltweit aufbegehren gegen diese Diktatur der Matrix.

Dass die Maßnahmen der Matrix mittlerweile aberwitzige Formen angenommen haben, zeigt die gegenwärtige Berichterstattung. Zur Zeit der Drucklegung dieses Buches werden in den USA allen Ernstes Kinder- und Freizeitballone von Kriegsflugzeugen mit 400.000 Dollar teuren Sidewinder Raketen vom Himmel geholt. Es handelte sich um unbekannte Flugobjekte (UFOs), so der offizielle Tenor. Man hört jetzt in den gleichgeschalteten Medien nur noch von UFOs, die überall auf der Welt aufzutauchen scheinen. Die Menschen schauen jetzt ratlos und hilfesuchend in den Himmel, und halten selber Ausschau, ob sie nicht eines dieser bedrohlichen Flugobjekte entdecken. Es ist doch offensichtlich, dass es sich hierbei um ein gigantisches Ablenkungsmanöver handelt, über das man eigentlich lachen müsste, weil es so plump und so offensichtlich daherkommt.

Ist es nicht etwa so, dass zeitgleich glaubhafte Berichte erschienen sind, wer für die Sprengung der Nord Stream 2 Pipeline verantwortlich sein könnte? Der wohl weltweit berühmteste Journalist aller Zeiten, Seymour M. Hersh, ist nämlich zu der Überzeugung gelangt, dass es die USA waren, die kürzlich die deutsch-russische Gas Pipeline gesprengt haben könnten. Wenn sich dieser Verdacht bewahrheitet, dann würde dies garantiert nicht ohne Folgen bleiben können. Das wäre einer der größten Skandale der letzten Jahrzehnte. Sogar die Nato könnte daran komplett zerbrechen. Wieso kommt die Ballongeschichte ausgerechnet zeitgleich zu diesem kritischen Bericht des Journalisten Hersh? Versucht die Matrix unsere Gedanken zu verwirren, zu vernebeln? Es sieht alles danach aus, dass es schon immer so war!

Genau das ist es, was Tate meint. Denn die globalen Eliten haben nicht nur Zugang zu den regionalen Regierungen, sie besitzen auch den Großteil der weltweiten Medienanstalten oder zeigen sich als großherzige Spender eben dieser. Ein Schelm wer annimmt, dass Zeitungen und Fernsehsender nicht mehr kritisch berichten würden, sondern nur noch das schreiben und senden, was eben diese kleine Elite möchte.

In Wirklichkeit ist es doch so, dass wir mit an Sicherheit grenzender Wahrscheinlichkeit den Mainstream Medien keinen Glauben mehr schenken können. Der Vorwurf der Propaganda, der meist gegenüber ausländischen Medien geäußert wird, trifft mindestens im selben Maße auf die westlichen Medienanstalten zu. Dafür gibt es unzählige und tägliche Beweise. So werden Berichte entweder überhaupt nicht gesendet, oder sie werden verändert, indem sie geschnitten werden und völlig aus dem Zusammenhang gerissen werden. Wer die Vergangenheit beherrscht, beherrscht die Zukunft. Ganz wie in George Orwells Roman „1984".

Es gibt Vorverurteilung oder Plakatierung, um die Meinung der Bevölkerung bewusst und gezielt zu lenken. Damit verfehlt die Presseberichterstattung aber fundamental ihren eigentlichen Auftrag. Die dort angestellten Journalisten haben offensichtlich ihren Beruf verfehlt, denn ihre Angst vor Ansehens- oder Einnahmenverlust ist viel höher, als die Angst zu lügen.

Dies sind nur einige Beispiele, was es mit der Matrix auf sich hat, und wie sie funktioniert. Letztendlich handelt es sich um ein groß angelegtes Betrugssystem, das nur einem winzigen Bevölkerungsteil, nämlich der globalen Elite dient. Und der absolut überwiegende Großteil der Menschheit wird nur in einer Form des modernen Sklaventums benutzt, ohne dass es diesen Menschen tatsächlich bewusst wäre.

Andrew wiederum ist einer, derer hieraus sinnvolle Auswege aufzeigen kann. Allein schon an seinem persönlichen Beispiel kann man sehr schnell erkennen was möglich ist, und wie man seine Träume tatsächlich verwirklichen kann. Andrew Tate hat dabei wahrscheinlich so ziemlich alles anders gemacht, als es durch Schule, Universität, Gesellschaft und Medien erklärt wird. Er ist seinen eigenen Weg gegangen, und dies mit außergewöhnlichem Erfolg. Er hat alles geschafft, wovon Menschen träumen. Er ist ein Sportstar, er ist ein Millionär, er lebt in Villen und fährt die krassesten Autos. Er kann tun und lassen, was er möchte. Demzufolge ist er frei. Er lebt seinen eigenen Lifestyle zusammen mit den Leuten, die das genauso sehen.

Er achtet auf seinen Körper und auf seine Gesundheit, und befindet sich in Topform. Er hat eine magnetische Anziehungskraft auf Frauen. Er hat sich durch eigene Kraft ein Traumleben geschaffen. Und nun erklärt er anderen jungen Menschen, wie sie das ebenfalls schaffen können, indem er darauf hinweist, dass sie nicht den Anweisungen der Matrix folgen sollen, sondern noch heute aus dem Sklavensystem ausbrechen können, wenn sie ihr eigenes Leben nicht vollends verpassen wollen.

Hieraus ergibt sich ohne Frage eine starke weltweite Bewegung, die ihresgleichen sucht. Sie ist ein Gegengewicht zu den herrschenden gesellschaftlichen Bedingungen und wurde in dieser Form bisher noch nicht vorgetragen. Andrew Tate hat das Zeug dazu, die Massen zu begeistern und hinter sich zu vereinen. Dies hat er bereits geschafft. Es ist doch vollkommen offensichtlich, dass er damit ein eingefahrenes System ins Wanken bringen kann. Und dass die Mächtigen und Mächtigsten dieser Welt das nicht bedingungslos zulassen wollen, dürfte auf der Hand liegen.

Diese Leute sind aber nicht Mann genug, um sich direkt, Auge in Auge, zu stellen. Sie senden andere, und beauftragen willfährige Vollstrecker, dies und das zu tun, um Tate auszubremsen. Auch vor diesem Hintergrund sehe ich die aktuelle Entwicklung.

Es spricht doch Bände, dass seit seiner Inhaftierung kein Sterbenswörtchen mehr von den Gefängniszellen nach außen dringt, und er damit zum Schweigen verdammt wurde. Auch die Führung seiner Unternehmen dürfte somit ausgebremst worden sein, und für seine Followerschaft stellt sich die unsichere Frage, wie es nun weitergeht. Millionen junger Menschen sind nun ratlos und verunsichert, und meiner Meinung nach war das ebenfalls Ziel der Attacke. Nämlich die meist männlichen, jungen, dynamischen und aufstrebenden Fans von staatlicher Seite zu belehren und zu erziehen, dass der von Tate gepriesene Weg der falsche sei und dass sie wieder zurück in die Reihen müssten. Diese Meinung wird ja auch nun tatsächlich in verschiedenen Ländern in den Schulen so vertreten, in dem Schüler geächtet werden, die Tate etwa verehren.

Die Matrix hat ihren Plan aber - wie so oft - nicht bis zu Ende gedacht. Denn wie ich weiter oben schon erläutert habe, wird Tate ja nicht ewig in Untersuchungshaft bleiben können. Wenn man ihn also nicht anklagen kann - wonach es aussieht - dann wird man ihn freilassen **müssen**. Aber auch wenn es zu einer Anklage kommt, steht er abermals im Fokus der weltweiten Berichterstattung. Und dann wird erstrecht jedes Detail sorgsam bewertet und verbreitet werden. Denn Gerichtsverfahren in Strafsachen finden öffentlich statt und nicht hinter verschlossener Tür.

Der Bumerang, der von der Matrix mit der Festnahme im Dezember 2022 abgeworfen wurde, wird schon bald wieder zurückkommen und schmerzhaft bei denen landen, die gedacht haben, mit dieser Maßnahme irgendetwas erreichen zu können. Sie werden genau das Gegenteil erreichen.

Warum das so ist, hat etwas mit dem Internet zu tun, das eben nicht nur für die Mächtigen arbeitet, sondern jedermann zur Verfügung steht. Und das Internet weltweit abzuschalten, wird wohl kaum auf die Schnelle möglich sein. So werden seine Fans weiter ausharren und der Fall wird solange nicht aus den Schlagzeilen kommen, bis Gerechtigkeit wiederhergestellt wurde. Dies wird nur eine Frage der Zeit sein. Es lohnt sich also, hoffnungsvoll nach vorne zu schauen.

6. Kapitel: Die Bann-Attacke im Sommer 2022 – Wer steckt dahinter?

Niemandem dürfte entgangen sein, dass Andrew Tate im Sommer 2022 von allen sozialen Plattformen gebannt wurde, auf denen er sehr erfolgreich aktiv war. Sein Twitter Account wurde gebannt. Sein YouTube Account wurde gebannt. Sein Instagram Account wurde gebannt. Unzählige weitere Accounts wurden gebannt. Aber damit nicht genug. Wie Andrew in einem späteren Interview bekanntgab, ergoss sich über ihn innerhalb weniger Tage eine Wahre Welle von Verboten und Ausschlüssen. Davon waren auch seine privaten und geschäftlichen Konten betroffen. Also Geldkonten. Demzufolge wurden seine Finanzen eingefroren, und dies sowohl auf Bargeldkonten, als auch auf Konten des elektronischen Zahlungsverkehrs. Vom einen auf den anderen Tag war es ihm also nicht mehr möglich gewesen, auf seinen Besitz zuzugreifen. Insbesondere der letztere Fakt machte nur wenig die Runde, und ist weitgehend unbekannt geblieben.

Diese Banning Welle erfolgte rückblickend wie ein geplanter Angriff aus sämtlichen Richtungen mit dem einheitlichen Ziel, Andrew in kürzester Zeit in die

Knie zu zwingen. Man wollte ihm die mediale Reichweite abschneiden, und ihm seiner finanziellen Mittel berauben. Jede andere hätte an dieser Stelle spätestens aufgegeben. Nicht so Andrew. Denn er hatte mit dieser Attacke bereits gerechnet, und er hatte sich ausführlich darauf vorbereitet. Meisterlich! Schon wenige Monate später war er finanziell wieder voll saturiert, und toppte sogar seine ursprüngliche Reichweite in den sozialen Medien. Der Bann hatte letztlich dazu geführt, dass er um ein Vielfaches bekannter wurde.

Dass er auch auf Twitter wieder reaktiviert wurde, hing vor allem mit der Übernahme von Twitter durch Elon Musk zusammen, der Andrew wieder freischalten ließ. Auf YouTube und auf anderen Plattformen nutzt Andrew nun folgende Taktiken: Anstatt einen eigenen Account anzumelden, wählte er die Alternative, andere YouTuber für ihn arbeiten zu lassen, die nun massenweise Videos nach seinem Sinne im Internet verbreiten. Durch diese multiple Aufstellung wäre es dann unerheblich, wenn einer oder mehrere dieser Accounts von YouTube gelöscht werden würden. Zeitgleich würden zehn neue Accounts geschaffen werden. Siehe da, das YouTube System war dagegen machtlos.

Weiterhin begann Andrew in seiner typisch unaufhaltsamen Manier nun, tägliche Interviews auf großen Kanälen zu präsentieren, und sorgte damit für eine weitere Dynamisierung seiner Bekanntheit. Wie an anderer Stelle bereits diskutiert wurde, versucht YouTube nun mit aller Macht, diese millionenfach aufgerufenen Interviews in der Suchanfrage nach hinten zu verschieben, was sehr auffällig ist. Trotzdem haben diese beiden genannten Maßnahmen letztendlich dazu geführt, dass der Bann gebrochen werden konnte, und Andrew schon wenige Monate später abermals in aller Munde war.

Vor allen Dingen in den Interviews schafft er es, ganz neue Sichtweisen über sich zu verbreiten, die von einem hochintelligenten, sehr schlagfertigen und innovativen jungen Mann zeugen. Die Öffentlichkeit honorierte dies mit respektvollen und zustimmenden Kommentaren zu Hunderttausenden. Allein das spricht schon Bände.

Doch kommen wir noch einmal darauf zurück, dass man im Sommer 2022 versuchte, ihn einheitlich von sämtlichen elektronischen Aktivitäten zu sperren, um ihn damit aller Möglichkeiten zu berauben. Als Außenstehender muss man verblüfft sein, dass dies so möglich werden konnte. Haben sich die Beteiligten etwa abgesprochen? Oder sind sie lediglich blind dem Narrativ gefolgt, das durch willfährige Systemmedien bereitwillig in der Welt verbreitet wurde? Wahrscheinlich liegt eine Mischung aus beiden Varianten vor.

Ich könnte mir aber durchaus konkret vorstellen, dass die meisten der Verantwortlichen aufgrund eines Befehls oder einer Anordnung hin gehandelt haben könnten. Irgendjemand von weiter oben, entweder aus dem Bereich des Deep State, oder aus dem Bereich der mächtigen Finanzunternehmen, könnte eine solche Anordnung getroffen haben, die da lautete: **„Löschen Sie Tate von allen Plattform."**

Nicht zuletzt aus der Enthüllung der Twitter Files durch Elon Musk sind wir vor kurzem belehrt worden, das US Geheimdienste während der Corona Fake Pandemie unmittelbar die Meinungsbildung auf Twitter beeinflusst haben. Vorher war dies nur eine Verschwörungstheorie aber nun wissen wir es schwarz auf weiß, dass es tatsächlich geschehen ist. Und vermutlich ist dies auch auf anderen Plattformen gang und gäbe ist. Wir müssen also jederzeit damit rechnen, dass sowohl Geheimdienste, als auch Regierungen oder auch große Unternehmen Einfluss ausüben, was auf den sozialen Plattformen veröffentlicht werden darf, und was nicht.

Bedenkt man weiterhin, dass die großen Finanzunternehmen wie BlackRock und Vanguard so ziemlich alles besitzen, und auf so ziemlich alles einen Einfluss ausüben können, dann ist auch diese Vorstellung nicht mehr abwegig, dass von dort aus gewisse Anordnungen kommen könnten. Ausschließen kann man heutzutage jedenfalls gar nichts mehr.

Auffällig war ohne Frage die zeitgleiche und orchestrierte Verbannung von Andrew von allen sein Internetaktivitäten.

Mit Tates Worten gesprochen, lag hier also der erste Angriff der Matrix gegen ihn vor. Andrew sprach ja selbst davon, dass der erste Angriff immer daraus besteht, jemanden zu verbannen und der zweite Angriff würde daraus bestehen, jemanden ohne Grund ins Gefängnis zu stecken. Beide seiner Annahmen haben sich in der Realität bewahrheitet. In beiden Fällen geht er davon aus, dass die Matrix (Deep State, mächtige Finanzunternehmen, mächtige Internet Konzerne) dafür verantwortlich sind. Wer die Zusammenhänge, die auch in diesem Buch dargestellt wurden, nun besser verstanden hat, der kann nicht mehr von der Hand weisen, dass an dieser Annahme sehr viel dran sein könnte.

Wie ich durch intensive Recherche herausgefunden habe, ist das Mittel, das die Matrix hier verwendet, bereits Routine. Systemkritiker werden weltweit mit solchen Verboten belegt und ihre Konten werden gesperrt. Dies passierte mit Menschen, die zu aufmüpfig gegen die Corona Maßnahmen protestiert haben oder die sich nun für den Frieden in der Ukraine zu lautstark einsetzen. Wer sich durch solche oder ähnliche Aktivitäten systemkritisch positioniert, der wird nicht selten durch eben diese Maßnahmen getroffen, die auch Andrew widerfahren sind.

Erst erfolgt die Verbannung von den sozialen Plattformen, um die Kommunikationsreichweite einzuschränken, und dann erfolgt die Sperrung sämtlicher Geldkonten. Alles jeweils ohne Begründung. Dies fällt deshalb so einfach, weil der Zahlungsverkehr heutzutage überwiegend elektronisch abgewickelt wird, und die andere Seite nur ein Knöpfchen zu drücken braucht, um diese Sperre einzurichten. Im Übrigen kommt dieser Ansatz auch dem Sozialkredit System sehr nahe, das derzeit als Modell für alle im Westen lebenden Menschen gehandelt wird. Kurzum: An Andrew wurde im Sommer 2022 etwas durchgeführt, was bald schon jedem Bürger drohen könnte, wenn er sich allzu aufmüpfig verhält.

Das Signal, das damit von Big Brother (George Orwell, 1984) ausgesendet wird, ist glasklar:

„Mache das, was deine Regierung sagt!“

„Übe keine Kritik!“

„Befolge die Anordnungen!“

Es soll Angst erzeugt werden bei allen anderen Usern, damit diese sich in Zukunft zurückhaltender verhalten.

Doch der Widerstand schläft nicht. Eine Tatsache, an der der Deep State mittlerweile zu verzweifeln droht. Denn es gibt nach wie vor und mehr als jemals zuvor eine Gegenbewegung, die sich einfach nicht unterdrücken lassen will. Man kann also beobachten, dass je stärker der Druck der Matrix wird, der Gegendruck ebenfalls ansteigt. Dies lässt sich auch daran sehr schön ablesen, dass mit jeder Sanktionsmaßnahme der Matrix gegen Andrew Tate seine Bekanntheit, Beliebtheit und Berühmtheit rasant zunehmen. Die Matrix spielt hierbei eine unglückliche Rolle, denn trotz all ihrer Bemühungen verfehlt sie ihr Ziel komplett.

Vielleicht kann man hier sogar von einem Kampf Gut gegen Böse reden und wir wissen ja alle wie es enden wird:

Das Gute wird siegen!

7. Kapitel: Welche taktischen Fehler sind Tate unterlaufen und wie hätte er diese verhindern können?

Niemand ist unfehlbar. Und auch ein Genius wie Andrew hat möglicherweise einen blinden Fleck, aufgrund dessen er in diese prekäre Lage kommen konnte. Einerseits sprach er noch vor wenigen Monaten selbst davon, dass die Matrix in verschiedenen Phasen antwortet. Gemäß Phase 2 würde man ihn bald schon grundlos ins Gefängnis stecken. Der Mann hat wie immer recht behalten. Doch vielmehr würde ich die Fragen stellen, ob er wirklich angenommen hat, dass dies **unmittelbar** passieren wird. Wann, wie, wo und unter welchen Umständen es passieren wird. Und ob er sich wirklich bewusst war, was das Ganze in voller Konsequenz bedeuten würde. Und hier bin ich der festen Überzeugung, dass Tate eben nicht geahnt hat, was hier tatsächlich auf ihn zukommt. Dies hatte möglicherweise folgende Gründe:

Zum einen dürfte es so sein, dass auch Andrew über die Funktionsweise und den Verfahrensablauf eines Justizapparates sehr wenig wusste, bevor er inhaftiert wurde. Wahrscheinlich ist selbst er als Kritiker der Matrix davon ausgegangen, dass es sowas wie einen letzten Rest an Gerechtigkeit geben würde. Vermutlich hat auch er in seinem ganzen vorherigen Leben nicht ein einziges Mal vor Gericht gestanden, hat sich so gut wie nie mit Anwälten in Strafsachen persönlich herumschlagen müssen, kennt also auch nicht die diesbezüglichen Gepflogenheiten, die Gesetzesgrundlagen, seine Rechte beziehungsweise die Rechte der anderen Beteiligten.

Er wusste weder, dass es das Instrument der Untersuchungshaft bis zu 180 Tage gibt und er hätte wohl auch niemals angenommen, dass man ihn grundlos dazu verdonnern könnte. Man kann es ihm derzeit förmlich aus dem Gesicht ablesen, wie intensiv er gerade eines Besseren belehrt wird. Die kurzen und knappen Aufnahmen, die derzeit kursieren, wenn er ins Gerichtsgebäude marschiert, um seine Beschwerden gegen die Untersuchungshaft vorzutragen, sprechen hier Bände.

Natürlich ist er nach wie vor der TOP G wie wir ihn kannten, aber man erkennt schon eine gewisse Veränderung im Sinne einer Reifung. Er wirkt etwas älter, etwas nachdenklicher, etwas ernster.

Ich kann daraus nur schließen, dass ein innerer Nachdenkensprozess stattfindet, der ihn erkennen lässt, wie die Karten im Justizwesen **tatsächlich** gemischt sind. Ein Ausspruch der letzten Tage lautete von ihm ja auch, es gebe keine Gerechtigkeit in Rumänien. Vermutlich ist er früher davon ausgegangen, dass es diese zumindest rudimentär noch geben würde.

Das System war deshalb im Vorteil, weil es solche Maßnahmen nicht zum ersten Mal ausführt. Es ist routiniert. Und es ist wirklich gut, seine Gegner im Detail zu kennen. Wenn du nicht weißt, was Regierungen und Behörden im Bedarfsfall tun können und wozu sie befugt sind, und wenn du die Gesetze nicht kennst, auf denen das Behördenhandeln basiert, dann hast du so gut wie keine Chance, diesen Fängen zu entkommen. Man hätte es nämlich vorher schon wissen können, wenn man sich mit der Materie befasst hätte.

Im Grunde genommen ist es heutzutage aber an der Tagesordnung, das weltweit Sonderkommandos der Polizei nicht mehr anrücken, um Mafiabosse oder Mörder dingfest zu machen, sondern dass sie dazu instrumentalisiert werden, unliebsame Systemkritiker zu drangsalieren. Es spricht sich mittlerweile herum, dass bereits ein unachtsamer Kommentar in den sozialen Medien ausreichen kann, um eine Hausdurchsuchung bei Nacht und Nebel durch bewaffnete Einsatzkräfte zu rechtfertigen.

Hierbei gibt es die üblichen Beschlagnahmungen

von PCs und Handys und die Sicherstellung von Sportgeräten, also Baseballschlägern und Armbrüsten, die dann schnell als Waffen umgemünzt werden, um die Maßnahmen der Behörden glaubhafter zu machen. Dabei werden Türen beschädigt und das Hausrecht mit Füßen getreten. Auf völlig unverhältnismäßige Art und Weise werden Kommandokräfte der Polizei heutzutage regelrecht inflationär eingesetzt, um die Meinung und den Willen von allzu kritischen Bürgerinnen und Bürgern zu brechen. Dafür gibt es neuerdings unzählige Beispiele, die nur selten in den Systemmedien sichtbar werden, sondern allerhöchstens auf Telegram gepostet werden.

Natürlich ist die Polizei ebenfalls an Recht und Gesetz gebunden. Auf dem Papier jedenfalls. Aber Papier ist bekanntlich geduldig, wie ein Sprichwort sagt. In Wirklichkeit ist es nämlich so, dass der erste Zugriff bei der Polizei liegt, und nur sie entscheidet, was verhältnismäßig ist, und was nicht. Erst im Nachhinein, und möglicherweise erst Jahre später, kann man unter Aufbringung erheblicher Kosten und Mühen erwirken, dass ein Gericht sich mit solchen Vorgängen nochmal auseinandersetzt, um die Betroffenen zu entschädigen. Hut ab, wer Kraft und Nerven dafür besitzt.

Aus eigener Erfahrung kann ich berichten, dass es tatsächlich möglich ist, das rechtswidrige Staatshandeln nachher zu sanktionieren, und sich das von einem Gericht in Form eines Urteils bestätigen zu lassen. Selbstverständlich ist das mit einer erheblichen Genugtuung verbunden. Die handelnden Beamten, die sich grob rechtswidrig verhalten haben, können sich danach nur noch eingraben, denn eine größere Niederlage gibt es für diese nicht. Das passiert allerdings nur höchst selten. Im Regelfall ist es so, dass die Polizeien und nachgeschalteten Behörden tun und lassen können was sie wollen. Als Normalbürger hast du jedenfalls im Moment der Aktion keine Chance, sondern musst das Ganze laufen lassen.

Hätte Andrew Tate diesbezügliches Wissen besessen, hätte ihm klar sein müssen, dass eine solche Hausstürmung inklusive Beschlagnahme und Festnahme **jederzeit** hätte anstehen können. Wenn ich so etwas aber annehmen muss, dann wäre die Frage, ob ich mich dann überhaupt in dem betreffenden Land aufhalte, wenn ich doch zahlreiche andere Möglichkeiten habe. Wäre er zum Beispiel in Dubai gewesen, wäre eine Festnahme mit an Sicherheit grenzender Wahrscheinlichkeit an der fehlenden Kooperation der dortigen Behörden gescheitert. Möglicherweise hätte man dann wochenlang über eine Auslieferung verhandelt, was wiederum eine Reaktionszeit ermöglicht hätte.

Letztlich gibt es aber noch andere Zufluchtsorte,

die noch weniger erreichbar wären für die rumänischen Behörden. Warum solche Chancen trotz der Möglichkeiten ungenutzt geblieben sind, kann ich nicht nachvollziehen. Es kann nur so sein, dass er niemals mit diesem Ausgang gerechnet hätte. Ein halbes Jahr in einem rumänischen Knast ist nämlich ganz sicherlich kein Pappenstiel. Und auch die Tatsache, dass seine ganzen dortigen Werte mittlerweile einkassiert wurden, ist ja ein erheblicher materieller Verlust. Die Standortwahl Rumänien wäre also spätestens seit April 2022 deutlich und dringend zu überdenken gewesen.

Bis heute herrscht weitestgehend Funkstille zum Fortgang der Ereignisse. Weder gibt es eine offizielle weitreichende Berichterstattung über den Fall, noch beraumen die rumänischen Behörden eine offizielle Pressekonferenz ein und der Mitarbeiterstab der Tate Brüder ist erst vor einigen Tagen erwacht, um nun die Öffentlichkeit endlich mit Informationen zu versorgen.

Was die Medien und die rumänischen Behörden angeht, so könnte ich mir vorstellen, dass diese auf Befehl von oben zum Schweigen verdonnert wurden. Es geistern außerdem merkwürdige Pseudonachrichten oder angebliche Briefe aus dem Gefängnis durchs Internet, die ganz sicher nicht von Andrew stammen. Es ist eine Illusion anzunehmen, dass diese Pseudonachrichten von ihm stammen würden.

In der taktischen Vorbereitung wurde meiner Meinung nach ein großer Fehler gemacht, der nicht hätte passieren müssen. Es kann nicht sein, dass Andrew der einzige Alphamann im ganzen Tate-Konzern ist. Jedes Unternehmen verfügt über einen engen Kreis von führenden Managern. Jeder militärische Stab in der Armee verfügt über einen engen Kreis von hohen Offizieren. Sobald der Anführer ausfällt, gibt es in der Rangreihenfolge sofort einen Nachfolger, der in der Lage und bevollmächtigt ist, Presseerklärungen abzugeben und den Laden am Laufen zu halten.

Bei Tate scheint dies nicht klar geregelt zu sein. Jedenfalls konnte ich dies bis heute nicht erkennen. Das ist bedauerlich, denn hierüber ließe sich einiges an Stimmung im Internet aufbauen und an Meinungsführerschaft zurückgewinnen. Zum Beispiel, um einen medialen Fokus auf die Vorgänge in Rumänien zu erwirken, und damit den Druck auf die Behörden zu erhöhen.

Hier muss dringend nachgebessert werden. Die Tate-Organisationen benötigen meiner Meinung nach einen engen Führungszirkel, der auch bei Ausfall einer oder mehrere Person voll arbeitsfähig und kommunikationsfähig bleibt. Es müssen Notfallpläne erarbeitet werden, und es muss eine einheitliche Marschroute her. Jeder muss den Auftrag kennen und danach handeln.

Der größte Schwachpunkt liegt aber möglicherweise im Geschäftsmodell, beziehungsweise in den privaten Vorstellung von Tate selber begründet. Andrew macht keinen Hehl daraus, dass er viele Freundinnen hat und dass er anscheinend auch mit einigen seiner Mitarbeiterinnen mehr als eng befreundet ist oder war. Er genießt es, wie ein Löwe der Anführer im Rudel zu sein und die Aufmerksamkeit aller Damen zu haben.

Für die meisten Männer scheinen solche Fantasien so etwas wie der Himmel auf Erden zu sein. Er begründet es selber damit, dass alle erfolgreichen Männer der Geschichte nicht nur eine Frau, sondern viele Frauen und viele Kinder hatten. Warum soll man als erfolgreicher Mensch nur ein bisschen naschen, wenn das Leben so viel Süßes zu bieten hat, so seine Meinung.

Man kann ihm hier zustimmen oder man kann es auch anders hin. Das bleibt jedem selbst überlassen. Jedenfalls scheint den Internet-Videos nach, sein Lebensmodell gut zu funktionieren. Er zieht regelmäßig Frauen an, die dafür im Gegenzug gut versorgt und umsorgt werden. Auch aus Sicht der Frauen kann ich es absolut nachvollziehen, denn was gibt es Besseres, als finanziell und materiell gut versorgt zu sein, und dabei noch die Aufmerksamkeit eines erfolgreichen und gut durchtrainierten Alphalöwen zu genießen.

Diese Lebensweise geht aber nur so lange gut, bis eines Tages eine der Damen aus irgendeinem Grund schlechte Laune bekommt oder von außerhalb unter Druck gesetzt wird. Wir wissen doch alle nur zu gut aus der Presse, wie leicht es für Frauen heutzutage ist, Männer grundlos zu beschuldigen und dadurch deren Existenz vollkommen zu zerstören.

Denn es reicht bereits die grundlose Beschuldigung aus, wenn sie nur oft genug und laut genug wiederholt wird. Hierin besteht für Männer weltweit eine große Gefahr, die überhaupt nicht zu überschätzen ist. Einer Frau wird immer sehr schnell Glauben geschenkt, insbesondere dann, wenn sie besonders theatralisch ihre Gründe vorträgt. Dann wird der Beschützerinstinkt in jedem von uns geweckt und wir sehen den vermeintlichen Täter schon im Gefängnis, obwohl noch nichts bewiesen wurde.

Kurzum: Tate umgibt sich mit hunderten von attraktiven Frauen. Wenn sich aber nur eine oder zwei daruntergemischt haben, die ihm jetzt oder später Böses wollen, oder darauf aus sind Millionen zu machen, dann hat er einfach schlechte Karten. **Denn vor Gericht zählt nichts so stark wie eine Zeugenaussage. Die Zeugenaussage ist der stärkste Beweis vor Gericht.** Auch ein Umstand, den die meisten nicht kennen. Der Laie geht nämlich meist davon aus, dass Videoaufnahmen oder Tonaufnahmen eine Sache beweisen würden. Das ist mitnichten so.

Es reicht bereits, wenn ein Zeuge als Opfer eine Anzeige macht und eine Aussage tätigt, die dann vor Gericht verwendet wird. Er oder sie muss dann vor Gericht seine Zeugenaussage noch einmal wiederholen und das war's. Schlimmer wird es allerdings, wenn zwei oder mehr falsche Zeugen sich zusammenrotten, sich verbotenerweise vorher absprechen und dann jeweils falsche Zeugenaussagen machen.

Gibt es also zwei oder mehr Zeugenaussagen, die alle vor Gericht dieselbe Straftat bestätigen würden, dann wäre das der Knockout. Hiergegen hilft nämlich nicht mal die beste Verteidigung. Nur in den seltensten Fällen können sich zu Unrecht Angeklagte aus diesem Würgegriff der Justiz befreien.

Dass die vorhandenen Aussagen der zwei ehemaligen Tate-Mitarbeiterinnen bisher nicht zu einer Angeklagten geführt haben, kann ich mir nur so erklären: Auch die rumänische Staatsanwaltschaft muss erkannt haben, dass die Aussagen der beiden Damen viel zu inkonsistenz sind, dass das Strafgericht sie im Rahmen der erneuten Zeugenvernehmung nicht als Lügen entlarven würde. Wären die Aussagen nämlich in sich bereits glaubwürdig, dann hätte die Staatsanwaltschaft längst Anklage erhoben.

Ich fasse also zusammen: Einerseits hat Andrew mit dem Geschäftsmodell des Webcam Business erheblich finanziell profitiert. Er hat aber auch privat von den verschiedenen Beziehungen mit den Damen profitiert, indem er seinen Lifestyle genießen konnte. So weit so gut.

Aber dabei hätte ihm von Anfang an klar sein müssen, dass Personen, ob nun männlich oder weiblich, von anderen, also von dritten Personen gegebenenfalls auch unter Druck gesetzt werden können, gewisse Aussagen zu tätigen. Wiederum können Personen sich auch auf eigenen Entschluss hin zu falschen Aussagen verleiten lassen, weil sie zum Beispiel enttäuscht sind, oder sich zurückgestoßen fühlen. Insbesondere bei Frauen kommt dies häufig innerhalb von Liebesaffären vor, wenn eine Frau verlassen wird oder droht, verlassen zu werden. Die Strafaktion Nummer 1 ist es dann, den ehemaligen Partner einer schweren Straftat zu beschuldigen. Nichts leichter als das.

Tate wäre also möglicherweise gut beraten gewesen, sich im Schwerpunkt auf Geschäftsmodelle **abseits** des Webcam Business so konzentrieren, um die Gefahr wenigstens zu minimieren. Stattdessen hat er die Sache aber weiter am Laufen gehalten, was die Gefahr dann eben vergrößert hat mit dem Ergebnis, dass nun im Raum steht, dass angeblich zwei oder mehr Damen etwas gegen ihn vorzubringen haben.

Einerseits ist zwar immer noch nicht klar, was diese genau behaupten, weil alles im Dunkeln bleibt. Andererseits könnten sie sich jeden Tag neu entscheiden, doch noch eine möglicherweise fingierte Aussage bei den Behörden abzugeben. Die Gefahr ist also tatsächlich noch nicht gebannt. Es liegt also gewissermaßen in Gottes Händen, wie sich nun alle Beteiligten verhalten und ob sie vernünftig bleiben.

Die rumänische Staatsanwaltschaft wird danach lechzen, entsprechende Zeugenaussagen zu erhalten, welche eine Anklage nun endlich rechtfertigen würden. Da es noch keine Anklage gibt, halte ich es für sehr wahrscheinlich, dass es auch noch keine entsprechenden verwertbaren Zeugenaussagen gibt. Hoffentlich bleibt es dabei. Die potenziellen Zeuginnen müssen jetzt einem erheblichen Druck standhalten und das ist ganz sicherlich nicht jedermanns Sache. Für die rumänischen Behörden steht schließlich einiges auf dem Spiel und ich will nicht hoffen, dass auf diesem Weg irgendwelche unseriösen und kriminellen Angebote gemacht werden, um doch noch an die erhofften Beweisdokumente zu kommen. Möglich wäre allerdings alles.

Wenn man nun die ganze Sache also zurückdenkt, dann wäre die Frage zu stellen, ob er von Anfang an bedacht hat, dass er sich im Falle des Falles auf die vollständige Loyalität aller seiner Mitarbeiterinnen verlassen können muss, weil sein persönliches Schicksal davon abhängt. Ich kann mir nicht vorstellen, dass er das getan hat, sonst wäre er jetzt nicht da, wo er ist. Irgendwo habe ich gelesen, dass er einen Großteil seines Vermögens in Zukunft dafür spenden möchte, falsch verdächtigten Männern zu helfen, und das weltweit. Möglicherweise hat also auch bei ihm nun ein diesbezügliches Umdenken stattgefunden.

Ich glaube, dass er nicht auf das Webcam Business angewiesen ist, sondern dass er ebenso gut in den anderen Geschäftszweigen ordentlich Gewinn machen kann. Da er mittlerweile zum Islam konvertiert ist, steht es ihm frei, die Vielehe zu verwirklichen, und dann statt einer, eben mehrere Frauen zu heiraten und mit ihnen zahlreichen Nachwuchs zu Zeugen. Ich wäre mir hundertprozentig sicher, dass dadurch ein viel loyalerer Kreis entstehen würde, weil auch der muslimische Glaube als gemeinsames Band in der Familie alles zusammenhält. All das würde Andrew Tate gut zu Gesicht stehen und würde viel besser zu seiner Philosophie passen, als das Webcam Business. Das ist nur meine Meinung, aber vielleicht kommt er ja selbst bald auf eine ähnliche Idee. Wir werden sehen.

8. Kapitel: Luxusautos einkassiert: Sind die Rumänen die Vollstrecker von Klima-Greta?

Wie wir Mitte Januar in den Medien erfahren haben, wurden auf Anordnung der rumänischen Behörden zahlreiche Wertgegenstände von Andrew Tate beschlagnahmt. Es handelte sich hierbei überwiegend um viele seiner teuren Luxuswagen (die Zahl fünfzehn wurde genannt) sowie unter anderem Uhren und Bargeld. Der Gesamtwert der Beschlagnahmung geht in die mehrere Millionen Euro. Genau war von 3, 6 Millionen Euro die Rede.

Wie wir uns noch allzu gut erinnern können, erfolgte die Festnahme der Tate Brüder im Dezember 2022 mitten während des berühmt gewordenen Twitter Gefechts zwischen Andrew und der Klima Aktivistin Greta Thunberg. Andrew machte innerhalb seiner Tweets keinen Hehl daraus, dass er die Klimabewegung für eine Nullnummer hält. Und zählte hierbei auf, wie viele Sportwagen mit welchen Emissionswerten er besitzt. Das war förmlich ein Schlag ins Gesicht aller frommen Klimaanhänger.

Diese öffentlich geführte Auseinandersetzung wurde von Millionen von Zuschauern auf Twitter beobachtet und live kommentiert. Thunberg wird ansonsten fast als heilige Ikone verehrt und niemand weltweit wagte es jemals, sie öffentlich zu kritisieren. Eine öffentlich vorgetragene Kritik an der weltweiten Klimaagenda traute sich in dieser Form vorher niemand. Andrew hat es also gewagt, die kleine Diva direkt herauszufordern und erzeugte damit sofort ein enormes Aufsehen. „Wie kann er es nur wagen?" wird Greta wieder gedacht haben.

Es wäre leicht möglich gewesen, dass in diesem Moment die Stimmung auch hätte kippen können zugunsten der Person, die lebensälter, lebenserfahrener, wesentlich wortgewandter, erfolgreicher und - mit Verlaub - intelligenter ist. Andrew hätte Greta also in diesem Moment tatsächlich in die Knie zwingen können, zumindest aber eine Gegenposition etablieren können, die in den Medien möglicherweise schnell die Runde gemacht hätte.

Anscheinend war hier eine rote Linie überschritten, welche die globalen Eliten nicht mehr bereit waren hinzunehmen. In direktem zeitlichen Zusammenhang erfolgte der Zugriff der rumänischen Behörden quasi aus heiterem Himmel. Ein Schelm wer hier denkt, dass es etwa eine Anweisung von oberster Stelle gab, wie nun zu verfahren wäre, um Klima Greta aus dem Gröbsten rauszuhalten und die Klimaagenda der weltweit operierenden globalen Eliten nicht zu gefährden.

Insgesamt haben sage und schreibe 200.000.000 Menschen weltweit diese Tweets gelesen. Das Interesse ist gewaltig! Man stelle sich vor, diese gewaltige Menschenmasse hätte sich nun spontan auf die Seite des Kommunikationsmeisters Tate geschlagen. Weil dieser die besseren Argumente besitzt, oder weil dieser einfach mehr Sympathien erzeugt. Vielleicht wussten die Leute auch gar nicht mehr, dass sie eine Wahl haben. Dass sie sich auch **gegen** die Klimaagenda aussprechen können. Tate war gerade dabei, diese Idee bei vielen zu wecken.

Dann hätte dies der Klimabewegung einen gewaltigen Tiefschlag versetzt. Eine enorme Gegenbewegung hätte hier ihren Ausgangspunkt nehmen können. Just in diesem Moment, also noch bevor es dazu kommen konnte, erfolgte der Zugriff. Merkwürdige Zufälle gibt es doch.

Nun schlage ich den Bogen zurück zu den im Januar 2023 beschlagnahmten Luxusautos. Denn diese waren ja eben Hauptinhalt von den Tweets gegenüber Greta. Nun wurden sie öffentlichkeitswirksam und selbstverständlich im Beisein der Medien einkassiert. Dass die Polizei die Fernsehmedien immer hinzu zitiert, wenn sie solche Aktionen durchführt, dürfte mittlerweile auch klar geworden sein. Selbstverständlich steckt hier der Plan dahinter, dass die damit erzeugten Bilder eine möglichst hohe Verbreitung erlangen und Tate zusätzlich schaden. Ist solch ein Vorgehen Aufgabe der Polizei und ihrer würdig? Mit Sicherheit nicht. Trotzdem ist es ein bewährtes Mittel, um zusätzlich Stimmung zu machen.

Die Message, die hierbei vermittelt wird, ist vollkommen klar: Wer gegen die Klimaagenda spricht, dem nehmen wir seine Autos einfach weg. Es soll wohl das Bild vermittelt werden, Tate habe auf ganzer Linie verloren. Erst steckt man ihn in den Knast, nimmt ihm die Möglichkeit mit der Außenwelt zu kommunizieren, beraubt ihn seiner Rechte, entmenschlicht ihn und weil das immer noch nicht genug ist, nimmt man ihm das, was ihm eine besondere Außenwirkung nach außen hin verliehen hat, nämlich seine sorgsam aufgebaute und gepflegte Sportwagensammlung. Für die ist er berühmt. Man denke nur an den Klassiker: „What colour is your Bugatti?"

Offensichtlicher geht es wohl nicht mehr, wenn man jemanden niederdrücken möchte. Hier wollte die Staatsmacht möglicherweise zeigen, wer der Stärkere ist. Was klein Greta allein nicht bewerkstelligen konnte, das wurde auf diesem Weg öffentlichkeitswirksam zelebriert. Es liegt auf der Hand, dass er nun nicht mehr mit seiner Sportwagensammlung prahlen kann, denn sie befindet sich nicht mehr in seinen

Händen. Sie ist ihm weggenommen worden. Ein Skandal!

Nun kommen wir zur rechtlichen Betrachtung. Es ist nämlich überhaupt nicht ersichtlich, aus welchem Grund diese Millionenwerte einkassiert wurden.

Wir erinnern uns, dass es sich lediglich um ein **Ermittlungsverfahren** handelt, in dem es bisher **keine Beweise** gibt und in dem Andrew Tate als **unschuldig** gilt. Bereits die Anordnung der Untersuchungshaft ist absolut fragwürdig, denn er war immer zu hundert Prozent dazu bereit, mit den Behörden kooperativ zusammenzuarbeiten. Er hatte zu keinem Zeitpunkt etwa signalisiert, Rumänien den Rücken zu kehren, oder etwa seine Werte aus dem Land bringen zu wollen. Und dass, obwohl er um die Gefahren wusste. Nun tun die Behörden so, als wenn Verdunkelungsgefahr bestanden hätte und schlagen mit voller Härte zu, ohne dass es dafür einen Grund geben würde. Das ist wieder mehr als auffällig. Ganz viele Menschen, welche die Sache aus der Ferne beobachten, merken doch, dass hier etwas faul ist. Sie vermuten, dass abermals eine politische Rache- oder Bestrafungsaktion ohne Rechtsgrundlage vorliegen könnte.

Kann es etwa sein, dass Andrew durch all diese Maßnahmen **vorab** bestraft werden soll, weil die Behörden von vornherein wissen, dass es für eine offizielle Bestrafung mit Gerichtsurteil am Ende niemals reichen wird?

Denn die Frage, wozu die Beschlagnahmungen genau dienen, bleibt vollkommen unbeantwortet. Schließlich handelt es sich ja um Privatbesitz, den er rechtmäßig erwirtschaftet hatte. Ein bloßer Verdacht einer Straftat ohne Vorliegen von beweisen reicht indes kaum aus, um so weitgehende Maßnahmen zu ergreifen. Aus meiner Sicht ist das Verhalten der rumänischen Behörden diesbezüglich unverhältnismäßig und nicht zu rechtfertigen. Allerdings ist mir auch aufgefallen, dass solcherlei Beschlagnahmungen seit einiger Zeit in den westlichen Ländern die Runde machen. So wurde in 2022 mal eben der Besitz von unzähligen russischen Millionären beschlagnahmt, ohne dass es dafür irgendeine Begründung gab. Außer eben, dass sie Russen sind. Hier wurden auch Autos, Häuser und Yachten in einer Nacht- und Nebelaktion weggenommen, ohne dass die eigentlichen Besitzer die Möglichkeit hatten zu reagieren. Früher nannte man so etwas Diebstahl. Merkwürdige Zeiten.

Grundsätzlich muss die Einziehung der Vermögenswerte im Falle von Tate durch ein Gericht vorher abgesegnet worden sein. Grundsätzlich ist es so, dass Wertgegenstände die ein Täter mittels einer rechtswidrigen Tat erlangt hat, eingezogen werden können. Dies würde aber voraussetzen, das Tate vor Gericht bereits rechtskräftig verurteilt wäre (was er nicht ist) und das zeitgleich bewiesen wäre, dass die Vermögenswerte durch eine bewiesen rechtswidrige Tat erworben wurden (was ebenfalls nicht der Fall ist). Das rumänische Gericht, dass diese Anordnung also nun getroffen hatte, lehnt sich meiner Meinung nach sehr weit aus dem Fenster, weil es dem juristischen Prozedere soweit vorausgreift, wie es vom Gesetz her möglicherweise nicht gedeckt sein könnte. Hier werden im Vorweg Fakten geschaffen, ohne dass eine Verurteilung auch nur in Sichtweite wäre.

Dies ist besonders merkwürdig, weil das Gericht selbst ganz offensichtlich beurteilen können muss, dass bei nicht vorhandener Beweislage eine Anklage schon abwegig erscheint, von einer rechtskräftigen Verurteilung ganz zu schweigen. Aber nur wenn es dazu kommen würde, wäre die Beschlagnahmung der Vermögenswerte überhaupt rechtmäßig.

Kurzum: Es sieht alles danach aus, dass sämtliche Vermögenswerte zu einem späteren Zeitpunkt vollumfänglich wieder ausgehändigt werden müssen, weil es weder zu einer Anklage noch zu einer Verurteilung kommen wird. Ob sich das Gericht und die weiterhin damit befassten Behörden mit der Maßnahme also einen Gefallen getan haben, halte ich für vollkommen abwegig. Denn ebenso öffentlichkeitswirksam, wie sie die Luxusautos einkassiert haben, müssen sie diese auch wieder zurückschaffen, wenn der Zeitpunkt gekommen ist. Und das wird spätestens nach 180 Tagen der Fall sein, wenn die maximale Frist für die Untersuchungshaft offiziell abgelaufen sein wird. Meiner Meinung nach verrennen sich die rumänischen Behörden immer mehr in eine Zwickmühle, aus der es kein Entkommen gibt.

Überdies hätte der Staat für etwaige Schäden an den Fahrzeugen und Wertgegenständen zu haften, wenn beispielsweise Lackschäden oder dergleichen im Nachhinein festgestellt werden würden. Zahlen müsste dies dann der rumänische Steuerzahler, der ohnehin schon für die Behandlung dieses Falles Millionen aufbringen muss.

Und nach meiner Einschätzung machen die rumänischen Behörden ihre eigentlichen Hausaufgaben nicht. Anstatt nun handfeste Beweise zu beschaffen, und im Rahmen einer Pressekonferenz klar die Karten auf den Tisch zu legen, werden bereits die Vermögenswerte einkassiert, so als sei das Urteil bereits gesprochen. Hier wird ganz klar der zweite Schritt vor dem ersten gemacht liebe Leute. Andersherum ausgedrückt: Damit die Beschlagnahme rechtmäßig bleiben würde, muss es zwangsläufig Beweise geben, die zu einer Anklage und danach zu einer Verurteilung führen würden.

All das ist zum gegenwärtigen Zeitpunkt nicht nur nicht gegeben, sondern man ist Lichtjahre davon entfernt. Auf Beweise angesprochen reagiert die rumänische Staatsanwaltschaft seit Monaten durch auffälliges Schweigen. Mich führt das immer wieder zu der Annahme, dass die Staatsanwaltschaft nichts, aber auch gar nichts Substanzielles vorzubringen hat, was zu einer Anklage führen könnte.

Anscheinend steht die Staatsanwaltschaft unter einem unheimlichen Erfolgsdruck. Sie hat ihre Durchsuchungsaktivitäten nämlich nun auch auf den weiteren Freundeskreis von Tate ausgeweitet, wobei anscheinend sogar betroffene Frauen, die es ja eigentlich zu schützen gilt, nun von Hausdurchsuchungen betroffen sind.

Allen Ernstes hat man sich also anscheinend dazu durchgerungen, selbst bei den potenziellen, also hypothetischen Opfern des Falles, Hausdurchsuchungen durchzuführen und hier ebenfalls elektronische Geräte zur Beweissicherung zu beschlagnahmen. So etwas gab es bisher noch nicht, und dies wirft ein schlechtes Licht auf die Ermittlungen. Im Grunde genommen wirkt dies so, als wenn die offiziellen Behörden nun einen subtilen Druck auf **alle** Betroffenen ausüben wollen, um so möglicherweise schneller an benötigte Aussagen zu kommen, die ihnen dienlich erscheinen könnten. Aus meiner Sicht wäre das ein Skandal ohnegleichen.

Sehr schön kann man daraus aber ableiten, dass

sämtliches Suchen bisher zu keinerlei Erfolgen geführt hat. Meine Prognose lautet deshalb schon jetzt: keine Beweise, keine Anklage, keine Verurteilung, Freilassung nach 180 Tagen und Rückgabe alle Vermögenswerte. Herzlichen Glückwunsch!

9. Kapitel: Die Untersuchungshaft als Willkürinstrument

In der Öffentlichkeit wird zur Zeit lediglich verbreitet, dass Andrew Tate festgenommen wurde, und sich im Gefängnis befindet. Das Ganze wird den weltweiten Beobachtern als unumstößliche Tatsache verkauft, wobei der juristische Laie hier abermals nicht trennscharf erkennen kann, was der Unterschied zwischen einer Untersuchungshaft und einer Haftstrafe aufgrund einer rechtskräftigen Verurteilung ist. Ich bin mir sicher, dass mindestens 95% der Menschen oder sogar mehr hier nicht klar erkennen können, um was es sich eigentlich handelt. Deshalb möchte ich hier ebenfalls für Aufklärung sorgen.

Zunächst mal gilt Andrew Tate dem Gesetz nach als unschuldig. Das ist Fakt. Aufgrund welcher Rechtsgrundlage befindet er sich nun also in Untersuchungshaft? Nun die Untersuchungshaft wird immer dann angeordnet, wenn die ermittelnde Staatsanwaltschaft dazu einen Grund als gegeben sieht. Hierzu gibt es nur zwei mögliche Gründe:

1. Die Staatsanwaltschaft nimmt Verdunkelungsgefahr an. Das heißt, sie vermutet, dass der Be-

schuldigte sich im Rahmen der laufenden Ermittlungen etwa ins Ausland absetzen könnte oder untertauchen könnte, so dass er im weiteren Verlauf für die Behörden nicht mehr auffindbar oder greifbar wäre. Eine angestrebte Verurteilung wäre dann zwar immer noch möglich, aber würde zu keinem Ergebnis führen, weil der dann Verurteilte außer Reichweite wäre.

2. Der Beschuldigte soll daran gehindert werden, aktiv in das Ermittlungsverfahren einzugreifen, indem er beispielsweise versuchen könnte, mögliche Zeugen zu beeinflussen, die Sache etwa außergerichtlich zwischen allen Beteiligten zu bereinigen, oder mögliche andere Beweise verschwinden zu lassen.

Andere Gründe sind für die Anordnung einer Untersuchungshaft nicht denkbar. Beides kann aus der Ferne aber verneint und ausgeschlossen werden.

Zum einen hat Andrew Tate niemals Anstalten gemacht, sich abzusetzen oder unterzutauchen. Dies bestätigt ja auch die Tatsache, dass die Behörden ihn bei seiner Festnahme in Rumänien an seinem Wohnsitz angetroffen haben. Über den Aufenthaltsort bestand volle Transparenz.

So hat er auch nicht etwa angedeutet, sich den Ermittlungen durch Ortswechsel entziehen zu wollen, oder das Ganze durch Abwesenheit zu behindern. Es gab keinerlei diesbezügliche Anhaltspunkte. Da die Ermittlungen vorher aber bereits monatelang liefen (seit April 2022), ergibt sich aus meiner Sicht keine Lageänderung im Dezember 2022, die es für die Staatsanwaltschaft gerechtfertigt hätte, etwa eine Verdunklungsgefahr anzunehmen. Nummer 1 würde aus meiner Sicht also entfallen.

Weiterhin ist es so, dass die Staatsanwaltschaft ohnehin Andrew Tate aufs Engste hin überwacht zu haben scheint. Ich gehe davon aus, dass Telefonate abgehört worden sein könnten, das Emails und Chatverlauf mit verfolgt worden sein könnten und dass man ihn möglicherweise auch durch verdeckte Ermittler observiert haben könnte. Ich denke, dass aus diesem Grund ebenfalls die Annahme ausscheidet, dass er während der Ermittlungen unbeobachtet mögliche Zeugen hätte beeinflussen können.

Ganz im Gegenteil hat die Staatsanwaltschaft dies möglicherweise bereits vor seiner Festnahme angenommen, dafür aber keine Anhaltspunkte erhalten. Es ist also davon auszugehen das Tate zu keinem Zeitpunkt den Versuch unternommen hat, mögliche Zeugen zu beeinflussen oder sich mit diesen im Vorwege zu einigen. Ganz im Gegenteil wurden die beiden in dem Fall als mögliche Opfer benannten Damen durch die Tates ebenfalls angezeigt, wie ich es verstanden habe (Verleumdung), um auch hier eine offizielle Klärung zu erreichen.

Aus meiner Sicht scheidet deshalb auch der zweite Punkt aus. Die Untersuchungshaft steht deshalb rein juristisch betrachtet auf sehr wackligen Füßen. Nach nun monatelangen Ermittlungen, bei denen die Untersuchungshaft ständig um weitere 30 Tage verlängert wird, gibt es aber immer noch keine weiteren Belege, die eine Anklage rechtfertigen würden. Mit jedem weiteren Tag, der vergeht, wird das Handeln der Staatsanwaltschaft sowie des zuständigen Gerichts immer fragwürdiger. So hätte das Gericht ja auch alternative Möglichkeiten, die deutlich verhältnismäßiger wären. So könnte beispielsweise ein Hausarrest in Rumänien angeordnet werden und Tate könnte dazu eine Art Fußfessel verpasst werden.

Ebenso könnte man die Reisepässe einziehen, so dass eine Absetzbewegung ins Ausland nicht mehr möglich wäre. Auch auf dieses mildere Mittel haben die Behörden aber verzichtet. Auch wäre die Hinterlegung einer entsprechend hohen Kaution denkbar und ist üblich. Auch dies wäre ein milderes Mittel, das ebenfalls nicht in Erwägung gezogen wurde.

Aber er darf ja nicht einmal Besuch im Gefängnis erhalten und selbst der Zugang zu seinen Anwälten bleibt ihm oft verwehrt, was außergewöhnlich ist, denn wie sollen ihn seine Anwälte vertreten, wenn sie sich nicht mit ihm austauschen können. Hierin sehen sicherlich auch seine Anwälte einen deutlichen Rechtsbruch, der schlichtweg nicht hinnehmbar ist.

Man konnte auch vernehmen, dass behördliche Dokumente nicht oder erst sehr spät so übersetzt werden, dass Tate diese selber lesen und verstehen kann. Was bringt es, ihm eine Gerichtsschrift in rumänischer Sprache zu überreichen? Auch hierin könnte eine zusätzliche Verzögerungstaktik der Behörden liegen. Man könnte auch von Gängelei sprechen. Ein gerechtes Justizverfahren sieht jedenfalls anders aus und man kann bei genauerer Betrachtung nur die Stirn runzeln, was hier genau vor sich geht. Immerhin ist Rumänien Teil der Europäischen Union. Ein Trauerspiel.

Zunächst wurde Tate von einem rumänischen Anwaltsteam vertreten. Dieses wurde kürzlich durch die amerikanische Spitzenanwältin Tina Glandian sinnvollerweise verstärkt. Sie scheint allein durch ihre überzeugende Präsenz ganz neuen Schwung in die Sache zu bringen.

Selbstverständlich legt das Anwaltsteam unter Führung von Tina Glandian regelmäßig begründeten Widerspruch ein gegen die monatliche Verlängerung der Untersuchungshaft. Die Anwälte argumentieren darin mit dem Mangel an Beweisen. Schlichtweg liegen gar keine Beweise vor, also Null. Die beiden Tate Brüder sind auch sonst niemals und in keiner Weise strafrechtlich in Erscheinung getreten. Sie waren bisher vollkommen unbescholtene Bürger, die sich nie etwas haben zuschulden kommen lassen.

Ebenfalls werden in der Beschwerdeschrift der Anwälte familiäre Gründe ins Feld geführt. So sind anscheinend beide Tate Brüder Väter von kleinen Kindern, um die sie sich ansonsten kümmern würden.

Nun müssen diese Kinder monatelang auf ihre Väter verzichten und auch die diesbezüglichen Mütter müssen schauen, wie sie allein klarkommen. Das stellt ohne Frage eine zusätzliche besondere Härte dar, weil auch diese Kinder nun Leidtragende werden könnten.

Ein kleines Kind möchte sein Vater doch ab und an regelmäßig sehen, und kann sich sehr schnell Sorgen machen, warum Papa nun monatelang nicht mehr auftaucht. Das kann insbesondere für Kinder in jungen Jahren eine traumatische Entwicklung darstellen, die durch nichts zu rechtfertigen ist. Tina Glandian hat Recht, wenn sie sagt, dass dies ein Unding darstellt.

Tina Glandian erklärte kürzlich in einer Pressekonferenz, dass die Tate Brüder kontroverse Persönlichkeiten darstellen. Jedenfalls werden sie in der Öffentlichkeit so betrachtet. Dies sei aber nicht Inhalt des Ermittlungsverfahrens. Kontroverse Meinungen sind demzufolge keine Straftat. Jeder Mensch darf in einem freien Land seine Meinung frei äußern, auch wenn sie anderen möglicherweise nicht passt. In der öffentlichen Berichterstattung wird dieser Unterschied so gut wie nie erkennbar.

Vielmehr sieht das Anwaltsteam mittlerweile eine Verletzung internationaler juristischer und humanitärer Standards bei Ermittlungen und vor Gericht als belegt. Die Menschenrechte wurden verletzt. Insofern hätte das System versagt.

Tina Glandian betonte in der Pressekonferenz ebenfalls, dass die Ermittlungen seit April 2022 laufen würden, wobei auffälligerweise zunächst niedrigschwellig vorgegangen wurde, und erst im Dezember urplötzlich eine Festnahme erfolgte, obwohl sich an der Sach- und Rechtslage bis dato nichts geändert hatte. Aus heiterem Himmel verschärften die Behörden also ihre Maßnahmen drastisch, ohne gleichzeitig belegen zu können, warum sie dies nun tun.

Dieses Verhalten ist extrem auffällig und es müssen Fragen laut werden, was die Behörden zu ihrem Kurswechsel gebracht haben könnte. Ich hatte ja weiter oben bereits den Verdacht geäußert, dass das ursprüngliche Ermittlungsverfahren sich nun in ein politisches Verfahren quasi auf Anordnung höherer Stellen gewandelt haben könnte mit dem Ziel, Tate zumindest eine Zeit lang an seiner Meinungsäußerung und an seinen geschäftlichen Aktivitäten zu hindern. Im Ergebnis könnte es also so sein, dass man das anfängliche Ermittlungsverfahren nun dazu umgemünzt hat, ihm eine Lektion zu erteilen.

Es liegt aber möglicherweise eine Verletzung internationalen Rechts sowie eine Verletzung der EU-Richtlinien vor, was geprüft werden muss. Als Mitglied der EU hätte Rumänien sich aber an diese Gesetzgebung zu halten. Egal, ob man also für oder gegen Andrew Tate ist, muss man zu diesem Zeitpunkt empört sein über die Behandlungsweise durch die rumänischen Behörden. Denn jedermann könnte - aufgrund welcher Umstände auch immer - mal in eine ähnliche Situation geraten wie Andrew.

Ich denke jeder Mensch wünscht sich dann eine faire und dem Gesetz entsprechende Behandlung, und eben keine Vorverurteilung. Diese Fakten müssen auch seine Kritiker sehr schnell einsehen.

Bei den Tates handelt es sich eben aber auch um amerikanische Staatsbürger. Tina Glandien sieht es deshalb als ihre Pflicht an, als amerikanische Anwältin dem international gültigen Recht wieder Geltung zu verschaffen. Die amerikanische Botschaft in Rumänien möchte sie hierbei interessanterweise bisher nicht unterstützen.

Es handelt sich um die denkbar härteste Behandlung in einem Ermittlungsverfahren, die an der Rechtmäßigkeit des Vorgangs kratzt oder sie sogar schon deutlich überschritten hat.

Auch hier drängt sich wieder die Idee auf, man wolle alle Maßnahmen bis aufs Äußerste auskosten, weil man von vornherein weiß, dass es für eine Verurteilung niemals reichen würde. Demzufolge würde die Bestrafung dann aber im Rahmen der harten Maßnahmen des Ermittlungsverfahrens bereits erfolgt sein.

Obwohl Tate also am Ende als freier Mann nach 180 Tagen entlassen werden wird, wird er dann ein halbes Jahr im Gefängnis gesessen haben und nicht nur durch seine Anwaltsausgaben um einige Millionen erleichtert worden sein. Hierin wird dann bereits ein erheblicher persönlicher und finanzieller Schaden liegen, ohne die Möglichkeit, Schadensersatz gegenüber den rumänischen Behörden einklagen zu können.

Ich gehe also davon aus, dass die Ermittler genau wissen, dass sie eine Verurteilung in diesem Leben nicht hinbekommen werden. Alternativ könnten sie deshalb bewusst und gezielt die harten jetzt angewendeten Maßnahmen wählen, um dennoch das möglicherweise angeordnete Ziel zu erreichen.

Im Ergebnis haben wir eine nicht vorhandene Beweislage, und gleichzeitig anscheinend durchgeknallte Behörden. Würde ein internationaler Gerichtshof für Menschenrechte angerufen werden, so müsste dies unweigerlich zum Erfolg führen, wenn wir zugrunde legen, dass es überhaupt noch ein vertrauenswürdiges und funktionierendes internationales Rechtssystem gibt. Auch dies ist mittlerweile aber fraglich.

Unterstrichen wird dieser Irrsinn durch die offiziell bestätigte Tatsache, dass zwei der ursprünglich durch die rumänische Staatsanwaltschaft benannten angeblichen Opfer in der Zwischenzeit offiziell erklärt haben, dass sie **keine** Opfer sind, und dass sie nicht verstehen, wieso sie von der Staatsanwaltschaft als solche benannt wurden. Tate habe sie immer gut behandelt, er sei ein Gentlemen, höflich, freundlich und aufmerksam.

Auch dieser Vorgang wirft erhebliche Fragen auf, wie hier von behördlicher Seite vorgegangen wird. Tina Glandian reagierte in der Pressekonferenz auf eine diesbezügliche Reporterfrage nur mit einem milden Lächeln, mit dem sie zu verstehen gab, was sie davon hält.

10. Kapitel: Warum die Behörden Andrew niemals brechen können

Die Anzahl seiner Follower ist tatsächlich gewaltig und weltweit vorhanden. Es sind vor allen Dingen seine Befürworter, die sich täglich zu informieren versuchen, wie der Sachstand um seine Verhaftung nun ist. Sie fragen sich, wie es weitergeht und suchen händeringend nach neuen Informationen. Doch die Informationsgewinnung ist derzeit unglaublich schwierig. Die meisten verbreiteten Nachrichten sind tatsächlich Fake News oder basieren auf Manipulation oder auf Nichtwissen und Spekulation.

Gibt man beispielsweise auf YouTube den Suchbegriff Andrew Tate ein, erhält man die immer gleichen Videos präsentiert von der filmreifen Festnahme. Danach reihen sich viele sinnlose Kurzvideos mit falschen Annahmen und wirren Spekulationen, die lediglich die Aufmerksamkeit im Sinne von Clickbaiting steuern wollen. Viele der Autoren nehmen dabei überhaupt keine Rücksicht auf den Wahrheitsgehalt ihrer Aussagen. So wird vielfach von der angeblichen Freilassung berichtet, die es bisher nicht gab, es werden angebliche Briefe aus dem Gefängnis präsentiert, die mit an Sicherheit grenzender Wahrscheinlichkeit nicht authentisch sind, oder es werden SMS-Verläufe gezeigt, deren Ursprung völlig nebulös ist.

Zum einen fällt mir sehr deutlich auf, dass die inhaltlich starken Formate extrem weit bei der Suchanfrage nach hinten gerutscht sind. Es handelt sich hierbei um mehrstündige Interviews, die Tate noch vor wenigen Monaten abgeliefert hatte und die ein Millionen Publikum erreicht haben. Nach logischer Schlussfolgerung muss der Algorithmus solche enorm erfolgreichen und beliebten Videos vorne einreihen.

Da diese aber erst nach langem Suchen und sehr weit hinten erscheinen, tippe ich darauf das, YouTube eine Art Shadow Banning in dem Fall betreiben könnte. Alles andere würde hier wenig Sinn machen. Die Schrottvideos findet man gleich als erstes, in denen die schon angesprochenen abstrusen Behauptungen verbreitet werden.

Sinn und Zweck einer solchen Maßnahme könnte es sein, weiterhin für Verunsicherung zu sorgen, indem man die ohnehin dünne Informationslage weiterhin dadurch untergräbt, dass man die vorhandenen Informationen in den Bereich der nicht Auffindbarkeit verschiebt.

Dass die Fans trotzdem täglich nach Informationen

gieren, kann man daran erkennen, dass selbst primitive Beiträge, die schnell zusammengeschustert wurden, hunderttausende von Aufrufen erhalten. Viele Veröffentlichungen zielen derzeit genau darauf ab, und erhoffen sich eine hohe Aufmerksamkeit eben von der Zielgruppe der Tate Fans. Ich halte das teilweise für nicht besonders seriös, den sie liefern in ihren Videos oft überhaupt keinen Mehrwert und sorgen eher für Verwirrung. Trotzdem bin ich guter Dinge, dass jeder objektive Betrachter dies merkt, und sich sein eigenes Urteil darüber bildet. Jedenfalls sollte man sich von solchem Treiben nicht weiter verunsichern lassen.

Immer wieder wird versucht Betroffenheit zu erzeugen, indem von angeblichen Krankenhausaufenthalten oder von gewalttätigen Übergriffen innerhalb des Gefängnisses oder dergleichen mehr berichtet wird. Das ist zunächst mal vollkommener Unsinn und nicht belegt. Fakt ist vielmehr, dass beide Tate Brüder eine enorm starke Physis und Psyche besitzen. Sie zu brechen, dürfte enorm schwer sein. Selbstverständlich ist die Situation für sie eine Herausforderung. Aber wer aktiv und sehr erfolgreich Kickboxen betrieben hat, ist es gewohnt zu leiden, den Schmerz auszuhalten und trotzdem an sein Ziel zu glauben.

Der zum Islam konvertierte Andrew ist außerdem

sehr fest im Glauben verankert, was sein Mindset darüber hinaus bulletproof gemacht hat. Beide Brüder sind körperlich und geistig in Topform. Ich bin mir deshalb hundertprozentig sicher, dass selbst widrige Bedingungen im Knast, so wie sie jetzt herrschen, den beiden weder jetzt noch über den Rest der Untersuchungshaft viel ausmachen werden.

Es ist doch gerade der Kern der Philosophie von TOP G, dass ein richtiger Mann in der Lage sein muss, auch durch schwere Zeiten zu gehen, weil diese ihn in besonderer Weise prägen und wachsen lassen.

Ich bin mir deshalb ganz sicher, dass er das Beste daraus machen wird. Ich vermute, dass er in seiner Zelle trainieren wird, was das Zeug hält, und dass er den Koran studieren wird, um sich im Glauben weiter zu schulen. Er wird an seinen Strategien feilen, und Zeit zum Nachdenken hat er schließlich genug. Er kann sich außerdem darauf verlassen, dass im Hintergrund sein Team seine Geschäfte in seinem Sinne weiterführen wird. Somit wird er guter Dinge sein, dass sich alles zum Besten für ihn wenden wird. Dieser Mann ist mutig und durchsetzungsstark. Wenn irgendjemand dazu befähigt ist, diese Strapazen nun auszuhalten, dann ganz sicher er. Es würde mich nicht wundern, wenn er letztlich und mit etwas Abstand sogar gestärkt aus der Situation heraus gehen wird.

Denn überdies ermöglichen ihm die gemachten Erfahrungen einen tiefen Einblick darin, wie die Justiz und die Behörden agieren können, und wie das weltweite System von Macht und Unterdrückung in der Realität funktioniert. Um mit seinen Worten zu sprechen: Die Matrix hat ihn attackiert. Und so fühlt es sich nun an, wenn die Matrix zu ihren ultimativen Mitteln greift, weil sie anscheinend nicht in der Lage ist, auf argumentative Weise mit Menschen seines Kalibers klarzukommen.

Doch anders als zu früheren Zeiten geschieht dies alles nicht mehr im Verborgenen, sondern die Weltöffentlichkeit kann live mitverfolgen, was hier vor sich geht. Der Justizskandal Nummer 1 geht weiter und Millionen Menschen registrieren aufmerksam, was als nächstes passiert. Mächtige und Herrschende haben nicht mehr wie beispielsweise im Mittelalter die Möglichkeit, über alles hinwegzutäuschen.

Wir sind aufmerksame Beobachter und wir tauschen uns aus!

Wir vergessen nicht!

Wir sind alle Andrew Tate!

11. Kapitel: Tate ist ein seriöser Profi und KEIN Krimineller

Die Geschichten die derzeit meist im World Wide Web verbreitet werden, sind lächerlich. Da wird von Frauen berichtet, die förmlich gegen ihren freien Willen so manipuliert werden, dass sie ins Webcam Business einsteigen, und förmlich benutzt werden, um Kasse zu machen. Es ist von einer Loverboy Masche die Rede, von Frauenhass und Unterdrückung.

Wer sich näher mit dem Geschäftsmodell befasst, kann sehr schnell in Erfahrung bringen, dass hier Profis mit Profis zusammenarbeiten. Sartorial Shooter ist ein sehr guter Freund von Andrew und einer der engsten Vertrauten der beiden Brüder. In einem kürzlich erschienenen Interview gab ihr zu verstehen, dass die beschäftigten Damen nicht etwa junge und vollkommen unschuldige Frauen wären, sondern dass sie in aller Regel bereits zuvor Erfahrungen in diesem oder in einem ähnlichen Business gesammelt haben.

Das wäre es auch, was sie in besonderer Weise für das Webcam Business befähigen würde. Manche von ihnen haben also bereits Webcam Erfahrung, andere hingegen arbeiteten vormals als Stripperin. Es ist also nicht ungewöhnlich, wenn diese Damen nun bei Tate angeheuert haben, weil dieser aus ihrer Sicht möglicherweise bessere Geschäftskonditionen angeboten hat.

Shooter macht außerdem darauf aufmerksam, dass Tate ein millionenschwerer Businessman ist, der in Privatjets fliegt und teure Autos besitzt. Warum in aller Welt soll so jemand sich verhalten wie ein billiger Krimineller, der Leute ausbeuten oder übers Ohr hauen würde? Sartorial Shooter kennt Tate sehr genau, und beschreibt ihn als überaus zuverlässigen, vertrauenswürdigen und gesetzestreuen Menschen. Unter Würdigung aller bekannten Umstände ist daran nicht zu zweifeln.

Vielmehr scheint es so zu sein, dass Kritiker das Haar in der Suppe finden wollen, indem sie das etwas anrüchige aber nichtsdestotrotz geläufige und legale Geschäftsmodell nun dafür zum Vorbild nehmen wollen, Tate mit dem Vorwurf der Ausbeutung zu konfrontieren.

Sind wir doch mal ehrlich: Es gibt tausende solcher Webcam Business überall auf der Welt. Und es gibt Abermillionen von Stripclubs oder entsprechende Rotlichtviertel in allen Städten weltweit, die sich großer Beliebtheit erfreuen. Niemals habe ich bisher gehört, das offizielle Behörden deren Berechtigung ernsthaft in Frage ziehen oder nähere Nachforschungen anstellen.

Ganz im Gegenteil würde ich eher vermuten, dass die Herrschaften, die jetzt so fleißig ermitteln, hier und da selber Kunden eben solcher Etablissements oder Angebote sein könnten. Das wäre nur natürlich und würde der statistischen Erwartungshaltung entsprechen. Alles andere anzunehmen ist reine Fantasie. Was ist das für eine Scheinheiligkeit, die uns hier vorgegaukelt wird?

Jetzt wird aber so getan, als würde es vergleichbare Businessmodelle überhaupt nicht geben und nur ein Andrew Tate würde dies betreiben. Es muss doch jedem normal denkenden Menschen auffallen, dass das kompletter Unsinn ist.

An dem Geschäftsmodell und an den Geschäftspraktiken dürfte also im Großen und Ganzen nichts auszusetzen sein. Im Übrigen ist das Tate Grundstück in Rumänien rundherum (auch innen) mit Kameras bestückt, die minutiös alle Aktivitäten aufzeichnen. Hierüber hätte das Gericht sich einen umfassenden Einblick in die Abläufe verschaffen können.

Nach meinem Kenntnisstand wurde diese Möglichkeit aber nicht genutzt. Vermutlich weil das gesamte

Videomaterial entlastend gewirkt hätte. Jedenfalls hat Sartorial Shooter vorgeschlagen, dass dieses Material ausgewertet wird. Bisher ist dies anscheinend nicht geschehen. Auch diesbezüglich können wir davon ausgehen, dass nichts Unseriöses vorgefallen ist.

Vielmehr handelt es sich wohl um ein vollkommen normales Angestelltenverhältnis unter Vertragsbedingungen, das freiwillig geschlossen wurde. Auch hier gilt das normale Arbeitsrecht und jeder Arbeitnehmer auf dieser Welt weiß, was dies bedeutet, wenn er oder sie einen Arbeitsvertrag unterschrieben hat. Auch hier würde es nichts anderes sein. Hingegen war es vielmehr so, dass sich die Damen völlig frei und wie zu Hause fühlen durften, so als ob sie dort wohnten. Damit dürfte dieses Arbeitsverhältnis jedenfalls um einiges angenehmer sein, als viele andere. Würden die Frauen nämlich im Straßenbau, im Einzelhandel oder selbst nur als Büroangestellte arbeiten müssen, hätten sie diesen Luxus in der Regel nicht. Warum wird also die Öffentlichkeit dadurch getäuscht, dass nun ein komplett anderer Maßstab angelegt werden soll? Ist das Gehirnwäsche? Ist das Manipulation durch die Medien?

Das Problem ist, dass der Großteil der Öffentlichkeit sehr leicht manipulierbar ist durch eben solche Behauptungen. Die meisten Leute denken selber nicht, sondern überlassen das Denken anderen. Sie schlucken vorgefertigte Meinungen bereitwillig und folgen blind dem Narrativ. Nur etwa 20% der Weltbevölkerung sind in der Lage, selbstständiges Denken und Handeln anzuwenden. Sie durchleuchten Behauptungen und bilden sich am Ende eine eigene Meinung, indem sie weitere Informationen sammeln. Sehr wahrscheinlich gehört der größte Teil meiner Leserschaft der zweiten Kategorie an, was sehr erfreulich ist!

Trotzdem könnte es sinnvoll sein, wenn Tate in Zukunft sein Webcam Business überdenken würde und sich möglicherweise anderen Geschäftsmodellen zuwenden würde, welche diesbezüglich weniger kontrovers sind. Im Grunde genommen gibt es ja tausend Möglichkeiten zu investieren oder Startups zu gründen, und als Business Angel würde es sicherlich nicht lange dauern, bis andere Talente an ihn herantreten würden mit wunderbaren Ideen. Vielleicht wäre es an der Zeit, sich von dem ursprünglich erfolgreichen Modell zu trennen, und sich businesstechnisch weiterzuentwickeln. Das ist aber lediglich meine Meinung und wir werden sehen, was der Meister selber dazu sagen wird, sobald er wieder auf freiem Fuß ist.

SCHLUSS

Am Ende wird die Wahrheit siegen!

Ziel dieser Schrift war es, alle relevanten Punkte aufzuzeigen, die nun mit diesem Fall in Verbindung stehen, und klar zu belegen, dass es sich um eine astreine Fake Veranstaltung handelt. Hier wird von offizieller Seite mit dem guten Glauben der Bevölkerung gespielt. Den bösen Zauber zu durchschauen, fällt hingegen den meisten nicht einfach, weil schlicht die Fakten und das Hintergrundwissen nicht vorhanden sind. Ich bin mir aber sehr sicher, dass wir mit dieser Schrift Abhilfe schaffen konnten, und nun Licht ins Dunkel gekommen ist, wie es um die Sache wirklich steht.

Zusammengefasst wurde bis dato von behördlicher Seite so viel Schabernack getrieben, dass der Titel Justizskandal Nummer 1 sicherlich nicht übertrieben ist. Dass die Behörden sich mit dieser Showveranstaltung aufgrund höherer Weisung selbst nur einen sehr schlechten Gefallen getan haben, werden wir bald vermittelt bekommen. Denn schon sehr bald wird die Geschichte auffliegen und die Tate Brüder werden siegen. Danach wird es unausweichlich viele unangenehme Fragen Richtung Rumänien geben müssen, und auch innerhalb Rumäniens wird die Presse dieses Thema in den Fokus rücken. Immerhin wurden auf diesem Weg Millionen von Steuergeldern sinnlos vergeudet, mit denen man auch in Rumänien besseres hätte anstellen können.

Millionen von Augen schauen nun Richtung Rumänien, aber sie beobachten gleichzeitig die weltpolitische Lage. Denn hinter diesem regionalen Treiben steht mit hoher Sicherheit eine globale Agenda. Indizien wurden ja auch in diesem Buch ausführlich diskutiert. Die Niederlage wird sich also auch auf diese Herrschaften ausdehnen, und der Deep State, beziehungsweise die Matrix, werden am Ende wieder einmal mit leeren Händen dastehen.

Hatten wir bisher vermutet, dass hinter dem globalen Herrschaftsanspruch ein genialer Plan stecken könnte, um die Menschheit zu unterwerfen (Great Reset), so kommt jetzt immer mehr zum Vorschein, dass es sich bei den Drahtziehern wohl eher um dumme, überhebliche und sehr kurzfristig agierende Personen handeln könnte, die nur von Gier und Machtstreben getrieben sind oder einfach zu viele Drogen konsumiert haben. Sie eilen förmlich von einer Idee zur nächsten, ohne dabei einen langfristigen Plan zu verfolgen. Sie sind eher Pokerspieler als Schachspieler.

Sie verlieren derzeit auf ganzer Linie. Beispiele hierfür sind:

Nord Stream 2 wurde als Terroranschlag des Westens entlarvt. Oops!

Die Impfungen waren ein Flop und es gibt eine gewaltige Übersterblichkeit weltweit. Oops!

Im Ukraine Krieg wird gelogen, und die Leute merken es immer mehr. Oops!

Die Menschen begehren auf gegen Impfdiktatur, Meinungsdiktatur, Kontrollwahn, Reisebeschränkungen und Medienschwindel. Oops!

So wird es jedenfalls nichts mit dem Great Reset. Jeder Schritt, den der Deep State tut, wird akkurat durch den weltweiten Widerstand beantwortet.

Die Tate Story ist ohne Frage ein Mosaikstück dieses weltweiten Widerstandes. Denn starke, maskuline Männer sind durch die Matrix nur schwer manipulierbar, und je länger die Inhaftierung von Tate dauert, desto stärker wird sich die weltweite Bruderschaft weiter vernetzen.

Auch große Teile der islamischen Welt schauen diesbezüglich auf die weitere Entwicklung und es ist kein Geheimnis, dass in diesen Kulturen ein Männlichkeitsbild vorherrscht, welches sich sehr gut mit den Vorstellungen von Tate in Übereinstimmung bringen lässt. Viele fühlen sich deshalb durch die Aussagen von Tate bestätigt, auch sie sehen in ihm einen Hoffnungsträger.

Ein Sprichwort sagt:

„Wen Gott besonders liebt, den prüft er."

Wenn dem so ist, dann ist die ganze Sache für die Tate Brüder derzeit eine Prüfung ihrer charakterlichen Fähigkeiten. Nach allem, was ich weiß, bin ich mir sicher, dass sie diese Prüfung meistern werden, und gestärkt aus der Sache hervorgehen werden. Denn sie wissen, dass Maskulinität in erster Linie bedeutet, das zu tun, von dem man überzeugt ist, egal was andere darüber denken. Als gläubiger Moslem wird Tate ganz sicher die richtigen Lehren hieraus ziehen.

Wir sind alle aufgerufen, diesen Fall weiter zu verfolgen und akribisch auszuwerten. Denn was den beiden widerfahren ist, kann jedem von uns passieren. Aber nicht nur uns, sondern auch unseren Liebsten und sogar unseren Kindern.

Niemand ist vor solchen Machenschaften gefeit, und allein schon aus diesem Grund müssen wir eine deutliche Position beziehen.

Es bringt auch nichts, länger abzuwarten. Die argumentative Gegenwehr muss jetzt kommen in Form von lautstarkem demokratischen Protest über alle Kanäle. Hier gibt es nichts zu verschweigen und nichts zurückzuhalten. Lautstarke Kritik an seiner Agenda ist nämlich etwas, was der Deep State überhaupt nicht ertragen kann, und wovor er sehr schnell einknickt. Diese Leute vertragen schlichtweg keine Kritik, denn sie sind mental und körperlich schwach. Das genaue Gegenteil der Tate Brüder und aller anderen starken, mutigen und verantwortungsvollen Männer und Frauen auf dieser Welt.

Die Matrix kann nur so lange weitermachen, wie wir es uns gefallen lassen. Sind wir uns einig, ist die Sache sofort beendet.